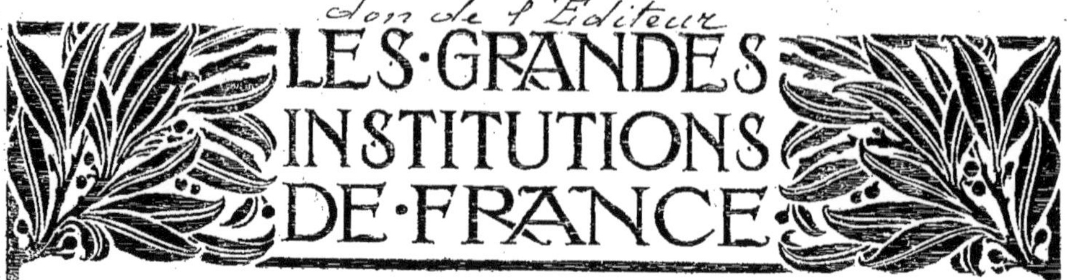

LA

BIBLIOTHÈQUE NATIONALE

PAR

Henry MARCEL, Henri BOUCHOT
Ernest BABELON, Paul MARCHAL
Camille COUDERC

H·LAURENS·EDITEUR

La
Bibliothèque Nationale

MÊME COLLECTION

Parus :

Les Gobelins et Beauvais, par M. Jules GUIFFREY, de l'Institut, administrateur de la Manufacture des Gobelins.

La Monnaie, par Fernand MAZEROLLE, archiviste à la Monnaie.

En préparation :

La Manufacture nationale de porcelaine de Sèvres, par M. Georges LECHEVALLIER-CHEVIGNARD, secrétaire de la Manufacture.

L'Institut, deux volumes, par MM. Gaston BOISSIER, Gaston DARBOUX, Georges PERROT, Georges PICOT, Henry ROUJON, secrétaires perpétuels, et M. A. FRANKLIN, administrateur honoraire de la *Bibliothèque Mazarine*.

LES GRANDES INSTITUTIONS DE FRANCE

La
Bibliothèque Nationale

PAR

MM. Henry MARCEL, Henri BOUCHOT, Ernest BABELON,
Paul MARCHAL et Camille COUDERC

ADMINISTRATEUR, CONSERVATEURS ET CONSERVATEUR-ADJOINT

Ouvrage illustré de 138 gravures.

PARIS
LIBRAIRIE RENOUARD — H. LAURENS, ÉDITEUR
6, RUE DE TOURNON, 6

1907

Le présent ouvrage est formé par la réunion des deux volumes consacrés à LA BIBLIOTHÈQUE NATIONALE dans la collection *Les Grandes Institutions de France*.

Le lecteur trouvera deux paginations ainsi que deux tables des matières et des illustrations correspondant aux deux parties de l'ouvrage : I. Bâtiments et organisation, les Estampes, les Médailles. — II. Les Imprimés, les Manuscrits.

Façade sur le Square Louvois.

LA BIBLIOTHÈQUE NATIONALE

I

LES BATIMENTS

Le vaste quadrilatère circonscrit par les rues de Richelieu, Colbert, Vivienne, et des Petits-Champs, où la Bibliothèque Nationale libérée d'enclaves gênantes, affranchie de mitoyennetés dangereuses, étend aujourd'hui ses collections diverses sur un espace d'environ seize mille cinq cents mètres carrés, ne lui est échu que par portions successives, dont la réunion n'a pas demandé moins de deux siècles et demi. Il dépendait des Petits-Champs, terrains sans destination précise entourant le palais du cardinal de Richelieu (aujourd'hui le Palais-Royal). Possédés par ce dernier et par Vivien, ils furent mis en vente, afin de créer un quartier neuf. De luxueuses constructions s'y élevèrent, entre autres l'hôtel bâti en 1633 par Pierre Lemuet pour Tubeuf, surintendant des finances. Les ailes en sont actuellement occupées par les appartements de l'administrateur général et du secrétaire trésorier ; le corps central l'est, au rez-de-chaussée, par une salle de réunions, au premier par la section des Cartes. Il ne reste des distributions intérieures que diverses portions de plafond à compartiments peints par Simon Vouet, dont il sera parlé plus loin.

Mazarin avait acquis un hôtel formant l'angle de la rue des Petits-Champs et de la rue de Richelieu, élevé en 1634 par Charles de Chivry, contrôleur général des finances, et qui lui servit de communs ; son désir était de le réunir à l'hôtel Tubeuf, qui finit par tomber entre ses mains, après de longues et savantes manœuvres. Il fit alors édifier par François Mansart la grande travée qui forme le fond du jardin bordant la rue Vivienne. Il y mit au rez-de-chaussée ses collections de sculptures, au premier étage ses meubles, tapisseries et tableaux. Les peintures des voûtes furent exécutées en 1641 par Romanelli, natif de Viterbe et élève du Dominiquin, puis de Piètre de Cortone ; celles des niches et des trumeaux par Grimaldi, émule de Viola dans le paysage décoratif, qui peignit aussi le plafond du rez-de-chaussée occupé actuellement par le Cabinet des Estampes ; ce dernier, dont le plancher a été relevé, dans un but d'assainissement, ce qui en altère les proportions, présente au milieu de la voûte un grand panneau de perspectives architecturales peintes ; à la retombée, entre de grands rinceaux en relief, des grisailles figurent des épisodes militaires de l'ancienne Rome. Pour ses appartements particuliers, le cardinal fit construire sur la rue de Richelieu, en 1650, et relia cette partie à ses galeries par un bâtiment transversal. Il la continua, en vue d'y loger ses bibliothèques, jusque par delà la rue Colbert, dont le percement date de 1697 et qui rejoignit la rue de Richelieu par une arcade. Marie Mancini, à sa mort, hérita de cet ensemble qui portait le nom d'hôtel de Nevers ; à Hortense, duchesse de la Meilleraye, échut l'hôtel Mazarin, formé des anciens hôtels Tubeuf, de Chivry et de la galerie construite par Mansart.

Façade sur la rue des Petits-Champs (ancien hôtel Tubeuf).

Marie Mancini céda en 1698 à la marquise de Lambert le corps de bâtiments des bibliothèques, demeuré vide après le départ des livres de Mazarin, légués au collège des Quatre-Nations. Puis en 1733, le Roi en hérita, l'ayant acheté en 1724, pour 300 000 livres, à la marquise, avec réserve d'usufruit. Le reste fut vendu par les fils Mancini, partie en 1717, partie en 1719, pour un million, à Law, qui y construisit une galerie pour la Bourse. En 1720, lors de sa faillite, cette propriété fut confisquée et on y installa la Bibliothèque du Roi, encore entassée dans la petite maison où Colbert l'avait placée en 1666, au bout de son jardin sur la rue Vivienne. Terminée par Robert de Cotte, elle constitue le fond de la cour d'honneur ouvrant sur la place Louvois. Elle a été remaniée dans ces derniers temps.

L'hôtel de La Meilleraye fut vendu en 1719 à la Compagnie des Indes, qui y continua ses opérations après la chute de Law, jusqu'à sa dissolution, en 1769. Le Trésor public l'occupa jusqu'en 1826, tandis que la Galerie Mazarine était affectée à la Bourse de Paris, qui y resta jusqu'à l'achèvement de la construction à colonnades de Brongniart, en 1825.

Cependant, en 1733, les bâtiments vendus par la marquise de Lambert recevaient le Cabinet des Médailles rapporté de Versailles. En 1745, Jules-Robert de Cotte, succédant à son père, mort en 1735, éleva un bâtiment fermant le rectangle sur la rue Colbert; on a dû démolir cette partie, qui menaçait ruine, en 1874, mais on l'a refaite en 1878, avec une façade à fronton copiée de l'ancienne. En 1750, on acquit la partie de l'hôtel de Chivry longeant la rue de Richelieu, pour loger des bibliothécaires. Les accroissements des collections royales réclamant peu à peu de nouvelles extensions, divers projets se succédèrent. Visconti, architecte du monument de 1824 à 1854, proposa un parti radical rasant les hôtels Tubeuf et de Nevers, qu'eussent remplacés six étages sur la rue des Petits-Champs, tandis que de nouvelles galeries s'élèveraient à la place de quatre maisons particulières, sur la rue Vivienne. Henri Labrouste, qui lui succéda en 1854, se montra plus respectueux du passé ; il remit en état l'hôtel Tubeuf et la Galerie Mazarine, dont un nouveau comble en fer enveloppa la charpente de bois et dont les peintures furent restaurées en 1868, dégagea le jardin, qu'un mur et des arcades séparaient de la rue Vivienne, désormais bordée par une simple grille. Il fit, tout le long de la rue des Petits-Champs, sur l'emplacement de l'hôtel de Chivry, un dépôt d'imprimés et, le terminant par la rotonde d'angle dite pavillon Voltaire, continua les constructions en retour sur la rue de Richelieu.

La grande salle de travail fut ouverte en 1868. Un vaste magasin central, éclairé par le haut, à cinq étages de casiers, l'alimenta. Sur la place Louvois, des réservoirs à deux étages formant pavillons furent suspendus aux arêtiers de combles et, complétés par un vaste système de tuyauterie et de prises d'eau, assurent une défense efficace

Hôtel Tubeuf (façade postérieure) et Galerie Mazarine.

contre l'incendie. A la mort de Labrouste, en 1875, son successeur, M. Pascal, poussa activement les travaux de dégagement et d'achèvement de la Bibliothèque. Un premier crédit de 3 700 000 francs fut voté en 1878 par les Chambres, pour l'expropriation des maisons de la rue Colbert, que suivit celle des immeubles en retour sur la rue Vivienne. Des constructions s'élevèrent aussitôt sur leur emplacement, et se poursuivent d'un train régulier, que retarde seule l'exiguïté du crédit annuel de 300 000 francs affecté aux travaux.[1] En 1888, on a ouvert la grande porte d'entrée donnant sur le square Louvois. La Bibliothèque Nationale est désormais en possession d'un habitat indépendant, isolé sur toutes ses faces, et, pourvue d'installations nouvelles, comme la seconde salle de travail actuellement en construction, de locaux homogènes permettant le fonctionnement de plain-pied de ses services, dotée des agencements mécaniques (monte-charges, tapis roulant) indispensables à la rapidité des communications, pourra suffire, pendant un temps appréciable, aux offices divers qu'elle a pour but d'assurer.

Faisons maintenant le tour extérieur des bâtiments, où nous pénétrerons ensuite. Au coin de la rue Vivienne et de la rue des Petits-Champs, se présente la partie la plus originale et la plus séduisante de l'édifice, qui en est en même temps la plus ancienne. Un pavillon en briques, à chaînes de pierre, s'exhausse sur un perron portant, au haut d'un fronton cintré à figures et trophées sculptés, un comble d'ardoises à lucarnes, que termine un lanternon. Les excellentes proportions, la coloration vive, mais harmonisée par le temps, de cette construction qui se ramasse, entre ses deux avant-corps, derrière son portail monumental, en font un des plus heureux motifs architecturaux du vieux Paris. Tournant à droite dans la rue Vivienne, nous suivons la grille protectrice du jardin, assez morne, où la végétation, trop espacée pour l'agrément, n'enlève du moins que peu de jour au Cabinet des Estampes et à la longue galerie d'exposition, superposés dans le grand bâtiment très sobre, mais d'ample et bel effet, dû à François Mansart. Un rez-de-chaussée clôt le jardin sur la droite, et délimite, pour le moment, les constructions nouvellement élevées en bordure de la rue Vivienne. Mais celles-ci ne tarderont pas à le faire disparaître, en dessinant un retour symétrique au bâtiment de la rue des Petits-Champs. Très

1. Le chiffre total de la dépense à effectuer a été arrêté par le Conseil Général des Bâtiments Civils à 7 273 902 francs.

sobres de parti pris, sous leur comble d'ardoises, avec de hautes fenêtres terminées par des triglyphes encadrant un bouclier, qui versent une lumière abondante sur les pièces destinées au Cabinet des Médailles, elles se terminent en quart de cercle sur la rue Colbert par un haut relief dû à Barrias : l'Étude assise, entre la Veillée et le Sommeil. Le centre, d'un bel effet, dessine un avant-corps de faible saillie, à colonnes ioniques engagées, entre lesquelles cinq médaillons, ciselés par M. Bottée, d'après les types numismatiques les plus célèbres, annoncent la future destination de cette partie des bâtiments. La même ordonnance simplifiée par l'absence d'avancées, se poursuit en retour vers la rue de Richelieu; un vis-à-vis trop rapproché dessert cette travée, sous le rapport de l'éclairage.

La façade sur la place Louvois, où débouche la cour d'honneur, dépourvue de mouvement et de saillies sensibles qu'eût autorisés son emplacement comme sa fonction, est la partie la moins heureuse de l'œuvre de Labrouste. Les combles-réservoirs sont lourds, l'ornementation de l'attique, composée de plaques de marbre de couleur incrustées trois par trois, est d'une sécheresse et d'une pauvreté extrêmes. Sur la rue de Richelieu, où cette ornementation malencontreuse disparaît, la sobre ordonnance des grandes baies encadrées de pilastres, interrompue par l'avancée de la rotonde à colonnes engagées, et reprenant ensuite sur la rue des Petits-Champs, se justifie par la destination des bâtiments, simple abri de vastes dépôts fermés, à l'avenir, au public, le Cabinet de Médailles devant émigrer rue Vivienne.

En pénétrant dans la cour d'honneur, on traverse un portique dont les piliers se cantonnent de quatre statues de marbre bien à l'étroit : l'Imprimerie par Labatut, la Gravure par Hugues, le Manuscrit par Coutan, la Médaille par Becquet. De ce point, on embrasse l'ordonnance élégante et noble de la cour : en face la construction de Robert de Cotte, avec son rez-de-chaussée à baies cintrées décorées de mascarons alternant avec des trophées, et son étage de fenêtres à faîtes triangulaires timbrés d'une coquille, que séparent des pilastres corinthiens. Au fronton, la gracieuse composition de Degeorge : la Science servie par des génies. A gauche, l'aile copiée de Robert de Cotte fils, où l'ordonnance du rez-de-chaussée est identique, et dont le tympan triangulaire s'orne d'une Minerve de proportions un peu menues, promenant le compas sur le globe terrestre.

Sur la droite de la cour, une galerie basse, où conduit un perron, est surplombée par le mur de face de la Salle de travail. Suivons les visiteurs qui y accèdent : des colonnes de fonte soutiennent neuf coupoles éclairantes de fer forgé, à revêtement émaillé, et formant trois travées ; leur retombée dessine sur les murs d'appui de vastes baies que décorent des masses d'arbres peintes par Alex. Desgoffe. La salle peut recevoir 344 lecteurs assis à des tables, et 70 debout devant des pupitres. Des rayons chargés de livres garnissent tout le pourtour, dominés par des passerelles de service ; au fond un vaste bureau sert à la réception des demandes et à la distribution des ouvrages ; une claire-voie sépare la salle de l'hémicycle, sorte de déversoir des magasins ; des casiers s'y encadrent entre deux termes colossaux dus au ciseau de Perraud ; des médaillons de stuc sur fond or, par Oudiné, représentant les illustrations des lettres et des sciences, s'espacent, à grande hauteur sur sa concavité. Par delà, derrière une baie vitrée, s'entrevoient les cinq étages de fer ajouré des magasins, quintuplant ainsi la superficie de 1 218 mètres carrés de leur emplacement. La salle de travail est, avec la façade de la Bibliothèque Sainte-Geneviève, la plus inspirée des créations de Labrouste ; la formule constructive, très hardie en son temps, y est secondée à merveille par un dispositif architectural aérien et lumineux ; les flots de jour pénétrant par les baies du devant, l'élévation des voûtes, la sveltesse des points d'appui, y donnent une impression d'espace libre ; dans cette nef spacieuse, la recherche et l'effort semblent s'alléger et la pensée planer à l'aise. La galerie-vestibule qui précède la salle de travail

Encoignure des rues Vivienne et Colbert.

mérite moins d'éloges ; son revêtement de ciment, où des arabesques s'enroulent autour de disques de marbre, est d'un exotisme bien barbare. Suivons-la, en passant entre des bustes du cardinal de Bourbon, de Nicolas Rigaut, Camille Falconet, Gros de Boze, Letronne, Naudet et Taschereau, jusqu'à son extrémité gauche, où des inscriptions et une statue de Cicéron d'après l'antique, par Houdon, remplissent une cage d'escalier qu'abrite une couverture de bois. Ces degrés, destinés à disparaître bientôt, espérons-le, lors de l'achèvement de l'aile en retour, partant de la rue Vivienne, qui viendra déboucher en ce point, conduisent à un palier d'où rayonnent : à gauche la Galerie Mazarine, précédée d'une antichambre, à droite la salle de communication des manuscrits ; en face un corridor rejoignant le Cabinet des Médailles actuel, sur la rue de Richelieu.

La pièce d'accès de la Galerie Mazarine a ses murs entièrement revêtus de tapisseries modernes des Gobelins, d'après les cartons du peintre alsacien Ehrmann, allégorisant trois des grandes époques de la civilisation : l'Antiquité, le Moyen Age, la Renaissance ; deux panneaux en hauteur ont pour sujets les arts du manuscrit et de l'impression. Au milieu de la pièce s'élève un monument singulier exécuté en 1718 par Louis Garnier, pour le compte du littérateur Titon du Tillet. C'est le Parnasse français, sorte de trophée de bronze en forme de pyramide, à la gloire de Louis XIV et des plus célèbres de nos poètes et musiciens depuis François Ier. Louis XIV en Apollon se tient près du sommet, que couronne Pégase essoré, avec la Nymphe de la Seine, les trois Grâces incarnées par Mmes de la Suze, Deshoulières et Mlle de Scudéri ; plus bas, Corneille, Racine, Molière, Segrais, La Fontaine, Chapelle, Racine, Boileau, Crébillon, Voltaire, J.-B. Rousseau et Lulli ; vingt-deux génies ailés forment divers groupes. Au pied, Titon du Tillet, debout, tient la dédicace de son œuvre. L'ensemble a un mètre trente-cinq de haut, sur quatre-vingt-cinq centimètres de large, et porte sur un soubassement.

La Galerie Mazarine, où des appliques murales et des vitrines de

Cour d'honneur.

milieu abritent une exposition permanente de manuscrits à enluminures, de reliures, d'éditions originales et d'autographes, est, nous l'avons déjà dit, décorée de peintures par Grimaldi aux piédroits et aux niches, par Romanelli à la voûte. Les sujets traités sur celle-ci, dans une tonalité et un caractère qui rappellent assez les décorations d'Annibal Carrache au Palais Farnèse, sont : Apollon et Daphné, Vénus sur son char, Apollon et les Muses, le Jugement de Pâris, les Dieux, Jupiter foudroyant les géants, Vénus éveillée par l'Amour, Narcisse à la fontaine, l'Enlèvement de Ganymède, Mercure, Mars, l'Enlèvement d'Hélène, l'Incendie de Troie, Minerve et Junon, Romulus et Rémus, le tout entremêlé de Renommées et de trophées, avec les étoiles et les faisceaux du Cardinal soutenus par des Amours. Au milieu de la Galerie, du côté opposé aux fenêtres, un petit tableau isolé arrête le regard par la rudesse vigoureuse de sa facture et son aspect archaïque, c'est le portrait de profil, en buste, de Jean II le Bon, peint à la détrempe, sur fond d'or, pendant sa captivité en Angleterre, vers 1359, par Girard d'Orléans, son valet de chambre. Ce vénérable monument de l'art français fut trouvé par Gaignères en 1700, dans les collections du château d'Oiron, et, à la vente du fameux amateur, en 1717, recueilli par le Régent qui le fit placer dans les collections royales. Des bustes de marbre de souverains amis des lettres, d'érudits et de collectionneurs, placés sur de magnifiques piédestaux de marbre sanguin, jalonnent le mur et encadrent les portes ; ce sont : Budé (1467-1540), l'abbé de Marolles (1600-1681), Peiresc (1580-1637), François Ier, Charles V, Louis XIV, Colbert (1619-1683), Dom Mabillon (1632-1707), le comte de Caylus (1692-1765), Pierre Dupuy (1582-1651), J.-A. de Thou (1553-1617), Van Praet (1754-1837). A l'extrémité de la galerie s'allonge en équerre, sur le jardin d'un côté et la cour de la rue des Petits-Champs de l'autre, la salle occupée par la section des Cartes ; en entrant, un cabinet, compris dans l'avant-corps de droite sur cette cour, garde encore intacte sa décoration du temps : six bas-reliefs méplats en stuc au-dessus des portes, personnifiant des vertus, et au plafond deux figures peintes : la Paix et le Commerce, entre des médaillons en camaïeu. Au fond de la salle subsiste également un plafond avec trois figures de femmes : dans l'octogone central, la France couronnée, sur un nuage, devant un trophée d'armes et de drapeaux ; dans les ovales latéraux, des nymphes tenant des fleurs.

Revenant sur nos pas, nous regagnons le palier, et par un couloir tapissé de chartes et pièces diverses, nous atteignons le Cabinet des Médailles. Le contenu des salles qui le composent donnera lieu, dans la suite du volume, à une description détaillée. Notre tâche propre se borne à signaler, en dehors des collections, qui échappent à notre compétence, les pièces d'ameublement hors ligne que renferme ce Département : ce sont, dans la salle de la Renaissance, une console-médaillier du style rocaille, à bronzes dorés, exécutée par Gaudreaux en 1739, sur les dessins des frères Slodtz, deux encoignures par l'ébéniste Jouber, datées de 1755, une armoire-médaillier exécutée pour le Régent par Charles Crescent, transférée de l'abbaye Sainte-Geneviève au Cabinet des Médailles en 1792. En face est une autre armoire décorée de panneaux chinois montés par Boulle. Au fond de la pièce, à gauche, se voit un balcon en bois sculpté, du travail le plus riche, épave des anciennes boiseries du Cabinet du Roi.

Dans une salle octogone située entre le Cabinet des Médailles et la Réserve, est placé le modèle original en plâtre de la statue de Voltaire par Houdon, dont le marbre, don de sa nièce Mme Denis, orne le foyer de la Comédie-Française. Ce modèle fut donné à la Bibliothèque en 1810, par Mme Duvivier, au nom du statuaire, en reconnaissance de l'hospitalité qu'y reçut longtemps son atelier. Le cœur du grand écrivain est renfermé dans le piédestal, ainsi qu'en fait foi l'inscription suivante : « Cœur de Voltaire, remis par les héritiers du marquis de Villette, 1864 ». La Réserve, qui vient ensuite, et qui a pour vis-à-vis le joli square Louvois, avec sa fontaine de Visconti cantonnée de belles figures de femmes en bronze, personnifiant les fleuves de France, par Klagmann, est naturellement, avec la salle publique de lecture qui la suit, la partie la mieux éclairée de la Bibliothèque. Il y a là une erreur de distribution qui sera réparée. C'est en effet, un simple magasin où le personnel est seul admis, et où sont conservés les ouvrages rares et précieux. Au cœur de ce lieu clos, un réduit plus secret : l'Enfer, défend contre les profanes les publications licencieuses, dont l'accès n'est autorisé que dans un but d'érudition.

Après la salle de lecture, très fréquentée, surtout par les froids, et souvent trop petite pour cette affluence, vient la section des Manuscrits, dont les magasins occupent l'aile qui borde la rue Colbert, la salle des communications faisant retour sur la cour centrale, où elle occupe tout le premier étage du bâtiment du fond. Des aménagements très modernes protègent, contre le vol ou l'incendie, le contenu particulièrement précieux des magasins ; d'immenses rideaux de fer, commandés par un simple bouton qui met en jeu une force hydraulique, aveuglent à la fois toutes les fenêtres. La salle de travail, d'une sobriété élégante, avec ses boiseries copiées des vestiges de l'ancienne décoration, est due, comme les magasins, à M. Pascal ; elle débouche par une porte en fer ouvragé sur le palier, d'où nous avons fait un tour complet, en commençant par la Galerie Mazarine. Le rez-de-chaussée contient les bureaux du secrétariat, qu'un beau vestibule dallé, orné des bustes du duc de Berri, frère de Charles V, d'Henri Estienne, de Gaston d'Orléans et de Huet évêque d'Avranches, et portant à son centre une charmante baigneuse, de marbre, par M. Sicard, don d'un généreux habitué de la Bibliothèque, sépare des locaux affectés à l'administrateur général. Ceux-ci comprennent une salle d'attente lambrissée de tapisseries décoratives des Gobelins, en camaïeu sur fond rouge, d'après Lavastre et O. Merson, et le cabinet de travail entouré, dans toute sa hauteur, de rayons de chêne d'une menuiserie très délicate, dans le style du XVIIIe siècle. L'ameublement se complète par un beau bureau Régence à cuivres ciselés et un splendide cartel en émail vert.

L'aile de la rue Colbert poursuit son développement uniforme sur la rue Vivienne, où plusieurs pièces sont déjà aménagées. L'une d'entre elles, qui a servi à l'exposition des manuscrits anciens en 1904, et des miniatures du XVIIIe siècle en 1905, est pourvue d'une décoration magnifique dont les éléments, rapportés de divers points de l'édifice, y reconstituent presque intégralement l'ancien Cabinet du Roi. Ce sont : quatre dessus de portes de Boucher représentant des Muses, et six tableaux en hauteur entre fenêtres : trois, de Carle Van Loo, ont pour sujets la Poésie amoureuse, ou Psyché conduite par l'hymen, l'invention de la flûte, ou Pan et Syrinx, les protecteurs des Muses : Apollon, Mercure et Hercule musagète ; trois autres, par Natoire, figurent Thalie, Calliope et Terpsichore. Deux portraits d'après Rigaud, Louis XIV et Louis XV, se font vis-à-vis sur les murs de refend. Deux autres pièces, faisant suite à cette salle, ne présentent encore que des surfaces brutes.

Le quadrilatère compris entre les bâtiments bordant la rue Colbert et Vivienne et le rez-de-chaussée en retour qui ferme le jardin (et qui sera transformé, nous l'avons dit, en travée à pleine hauteur) enserrera une vaste rotonde, déjà aux deux tiers de son élévation, et dont la destination : salle publique de lecture, salle de travail servant de décharge à celle de Labrouste, salle spéciale pour la consultation des périodiques, est encore en suspens. Sa construction a fait disparaître un local d'une disposition originale, portant une plate-forme circulaire à mi-hauteur, où étaient placés les fameux globes de Coronelli. Ceux-ci, que le dépôt des marbres abritera jusqu'à la fin des travaux, furent construits en 1680 pour l'instruction du duc de Bourgogne, et attribués à la Bibliothèque en 1731. Ils ont six mètres de diamètre et dix-huit de circonférence, ils sont entourés d'une armature de bronze représentant les méridiens et portée sur des pieds et des consoles ; de grandes boussoles s'y intercalent. L'un est un globe céleste, avec les étoiles et le système planétaire, et sur la ligne écliptique, un soleil, du diamètre dont on le voit de la terre ; l'autre est un globe terrestre, avec toutes les indications géographiques. On ne sait encore où ces curiosités un peu encombrantes pourront trouver place.

II

LES COLLECTIONS

La Bibliothèque Nationale actuelle n'est autre que l'ancienne bibliothèque personnelle des rois de France, peu à peu agrandie et transformée, à travers force vicissitudes et déplacements. Aussi n'est-il pas sans intérêt de retracer en peu de mots ces origines lointaines. Charlemagne avait formé à Aix-la-Chapelle, sa résidence favorite, une importante collection de livres manuscrits ; il prescrivit, en mourant, de les vendre et de distribuer le produit aux pauvres. De Charles le Chauve datent plusieurs ouvrages d'une calligraphie remarquable. On n'a pas de renseignements sur l'époque qui va de lui à saint Louis, mais celui-ci réunit à la Sainte-Chapelle une bibliothèque considérable ; des équipes de copistes reproduisirent, à son intention, nombre de manuscrits des abbayes ; il légua sa collection à quatre communautés religieuses. Jean le Bon aima les livres et y trouva la récréation de sa captivité en Angleterre. Mais, le premier, Charles V fut un bibliophile véritable ; méthodique en ses choix, ardent dans ses recherches, il entretenait à demeure des enlumineurs de manuscrits, et sa bibliothèque du

Vestibule d'honneur.

Louvre, classée en trois étages et conservée par Gilles Mallet, maître de l'Hôtel du Roi, comprenait à sa mort le chiffre, énorme pour l'époque, de neuf cent dix volumes, dont nous possédons l'inventaire. Le lamentable règne de Charles VI fut fatal à ces richesses, l'incurie du roi, l'avidité des princes et des courtisans les gaspillèrent. Si, en 1411, un inventaire mentionne 1 120 volumes, lors du suivant, en 1423, il ne s'en trouve plus que 850. Le tout fut acheté 1 200 livres par le duc de Bedford, régent pour le compte de Henri VI, en 1425. Charles VII fit peu d'efforts pour reconstituer ce trésor, dispersé à la mort du duc. Néanmoins il employa l'illustre Jean Fouquet, à qui le Louvre doit son portrait.

Louis XI, bénéficiant de la découverte de l'imprimerie, refit une collection nouvelle, où entrèrent les dépouilles du duc de Bourgogne ; Charles VIII rapporta de Naples, sa courte conquête, quelques beaux ouvrages ; Louis XII y joignit la bibliothèque des ducs de Milan renfermée dans le château de Pavie, et un certain nombre de livres de la collection de Pétrarque ; le tout fut réuni, à Blois, à la collection formée par Louis d'Orléans, et se grossit des livres de Louis de Bruges. L'art de la miniature fut encouragé à sa cour, où Bourdichon peignit les Heures d'Anne de Bretagne. François Ier apporta au fonds royal sa propre bibliothèque familiale, y adjoignit en 1527 les livres confisqués sur le connétable de Bourbon ; Fontainebleau en devint le siège unique en 1544. Les manuscrits y prédominaient de beaucoup ; on n'y comptait que 200 imprimés. Guillaume Budé prit le premier, en 1522, le titre de maître de la Librairie du Roi. Une ordonnance d'Henri II prescrivit en 1556 aux libraires, à l'instigation de Raoul Spifame, de remettre aux Bibliothèques royales un exemplaire sur vélin, relié, des volumes qu'ils imprimeraient par privilège. C'est l'origine du dépôt légal. On trouve dans la charge de maître de la librairie Jacques Amyot en 1594, puis Jacques-Auguste de Thou. La Bibliothèque du Roi fut transférée à Paris vers la fin du règne de Charles IX, et mise en sûreté par Jean Gosselin, pendant les troubles de la Ligue. Déposée, par ordre d'Henri IV, au collège de Clermont, et accrue, en 1594, de 800 volumes provenant de Catherine de Médicis, elle fut, en 1604, mise dans une salle du cloître des Cordeliers. Sous Louis XIII, on l'installa dans une de leurs maisons, rue de la Harpe. Cependant un dépôt particulier s'était constitué au Louvre, pour l'usage personnel du roi et le divertissement de la Cour : le Cabinet du Roi, qui eut son existence propre. Louis XIV témoigna une vive sollicitude à la Bibliothèque ; mais Colbert, surtout, s'en occupa activement, en sa qualité de surintendant des Bâtiments du Roi, et, pour la rapprocher de lui, en fit, en 1666, transporter les collections dans une de ses maisons de la rue Vivienne : ce devait être leur dernier gîte, avant leur installation à l'hôtel de Nevers. La même année, à la suite de l'assassinat, au Louvre, de l'abbé Bruneau, garde du Cabinet des Médailles, celui-ci était réuni à la Bibliothèque, avec les récents accroissements qu'il tenait de la libéralité de Gaston d'Orléans, collectionneur éclairé, s'il fut un politique déplorable.

L'historique très complet des divers Départements de la Bibliothèque Nationale, tel qu'il sera présenté dans la suite de ce volume, nous dispense de donner ici le détail des accroissements successifs que les collections reçurent par dons, achats ou attributions, depuis leur aménagement dans telle ou telle partie de l'édifice actuel. Mentionnons pourtant le séjour qu'y fit, jusqu'en 1812, le service de la chalcographie, c'est-à-dire le dépôt tant des planches, que des exemplaires tirés, des gravures commandées par le Roi, pour la reproduction des peintures célèbres et la commémoration des événements importants du règne. La faible activité actuelle de ce service, qui fonctionne aujourd'hui au Louvre, alimenté par un crédit de travaux de 20 000 francs, fait envisager avec quelque étonnement le nombre (près de mille pièces) des planches gravées de 1670 à 1683. A cette dernière date, la mort de Colbert fit passer la Bibliothèque sous l'autorité de Louvois ; d'un récolement pratiqué par Nicolas Clément ressortit un effectif de 10 542 manuscrits et de 40 000 imprimés, sans les estampes et les cartes. A la mort de Louis XIV, le chiffre des volumes dépassait 70 000. Il suffit de le comparer avec celui des 3 200 000 environ que la Bibliothèque contient à l'heure qu'il est, pour mesurer le prodigieux développement qu'elle a pris en moins de deux cents ans.

Le « bon plaisir », qui était le caractère dominant de l'ancien régime, tint longtemps le public à l'écart de collections dont il eût semblé l'usager naturel. Ce n'est qu'en 1692 que l'abbé de Louvois, fils du ministre et maître de la Librairie, décida d'ouvrir la Bibliothèque, deux jours par semaine, à ceux qui voudraient y étudier. Et encore ce premier essai fut-il presque aussitôt arrêté. Ce n'est qu'en 1720 que l'abbé Jean Paul Bignon, le troisième et le plus illustre représentant d'une dynastie dont la Bibliothèque garde pieusement la mémoire, et qui la pourvut encore de deux directeurs après lui, obtint qu'au système des prêts exceptionnels et des communications sur place, arbitrairement dispensées, succédât un régime régulier et libéral ; un arrêt du Conseil du 11 octobre disposa : « la Bibliothèque du Roi sera ouverte à tous les savants de toutes les nations en tout temps, aux jours et heures qui seront réglés par le bibliothécaire de Sa Majesté, et il sera préparé des endroits convenables pour y recevoir lesdits savants et les mettre en état d'y vaquer à leurs études et recherches avec toute commodité. Outre lesdites entrées accordées aux savants, la Bibliothèque sera ouverte au public une fois par semaine depuis onze heures du matin jusqu'à une heure de l'après-midi, et seront alors toutes les personnes que Sa Majesté a déjà attachées à ladite Bibliothèque... sous les ordres dudit sieur bibliothécaire, obligées de se trouver durant le dit temps ès salles, cabinets et galeries d'icelle, pour satisfaire la curiosité de tous ceux que l'envie de s'instruire y attirera. » L'installation des collections dans l'hôtel de Nevers, conquis à la ruine de Law, retarda l'application de la mesure, à raison des travaux et des aménagements nécessaires, jusqu'en 1743. Elle suivit de près la réintégration à Paris du Cabinet des Médailles, transporté à Versailles depuis 1684, et auquel on affecta la plus belle pièce de l'appartement de Mme de Lambert.

Il faut citer encore, au XVIIIe siècle, parmi les gestions particulièrement heureuses, celle d'Hugues-Adrien Joly aux Estampes, qui

Cabinet de l'administrateur général.

dura quarante-deux ans, celle de l'illustre abbé Barthélemy au Cabinet des Médailles, qui en dura quarante et un. A la veille de la Révolution, la Bibliothèque était ouverte au public deux fois par semaine, de neuf à deux heures, et pour les savants et chercheurs munis d'une autorisation, tous les jours ; ces derniers pouvaient recevoir plusieurs volumes à la fois, et le nombre des présences au Département des Imprimés dépassait couramment cent personnes, maniant plusieurs centaines de volumes. Ce Département en contenait, à cette époque, 300 000. Les mesures révolutionnaires déclarant propriétés nationales les biens des maisons religieuses et ceux des émigrés, amenèrent aux mains de l'Etat une masse énorme d'ouvrages. Des « dépôts littéraires » dirigés par des spécialistes eurent la charge de les recueillir et de les classer. La Bibliothèque fit ses choix, sans toujours assez de soin et de méthode, dans ces richesses confuses. Puis ce fut au tour de l'étranger de l'alimenter, les conquêtes territoriales de la République se doublèrent de réquisitions d'imprimés, de manuscrits, d'œuvres d'art sur lesquels la Bibliothèque préleva sa dîme ; mais nos revers de 1814 et 1815 la dépouillèrent de presque tout ce butin.

Entre temps, les violences révolutionnaires n'avaient pas épargné le personnel ; des deux bibliothécaires créés par le ministère girondin, l'un Carra, fut guillotiné, l'autre, Chamfort, n'échappa au supplice que par un long suicide. L'abbé Barthélemy fut emprisonné et faillit périr ; Van Praet, un des plus distingués administrateurs du passé, incarcéré également, dut son salut à l'évasion. Du moins le public reçut quelques avantages : un règlement du 25 fructidor an IV ouvrit la Bibliothèque tous les jours, de dix à deux heures. Le dépôt légal, déjà renforcé par deux arrêts du Conseil du 31 janvier 1689 et du 11 octobre 1720, rappelant leurs obligations aux « auteurs, libraires, imprimeurs et graveurs », à peine de saisie et de confiscation des ouvrages non déposés, sans préjudice d'une amende personnelle, arrêts portant effet rétroactif, fonctionnait empiriquement, sans grande efficacité. La loi du 19 juillet 1793 posa le principe et fixa les règles : injonction à tout citoyen qui mettait au jour un ouvrage soit de littérature, soit de gravure, d'en déposer à la Bibliothèque Nationale, ou au Cabinet des Estampes, deux exemplaires dont il lui serait remis un reçu, faute duquel il ne pourrait être admis en justice pour la poursuite des contrefacteurs. Il n'y avait donc plus de sanction pénale, mais le non-déposant perdait le moyen de défendre son droit de propriété. La législation impériale, dans le but tout politique de renforcer la surveillance des publications, fit passer l'obligation du dépôt sur la tête de l'imprimeur, en prescrivant de l'effectuer au ministère de l'Intérieur, ou dans les préfectures. C'est encore le régime actuel, tel que le formule la loi du 29 juillet 1881, dans ses articles 3 et 4.

Il fut sérieusement question, sous le Consulat, du transfert de la Bibliothèque au Louvre, en raison de l'insuffisance, du mauvais état et de l'insécurité de ses locaux, avoisinés par un théâtre. On ne donna pas suite à ce projet, émané de Chaptal. Un récolement des richesses de l'établissement, effectué en 1807, fit constater 250 000 volumes imprimés, 83 000 manuscrits, 85 000 monnaies et médailles, 1 250 pierres gravées, 4 600 bronzes, antiques, etc., et environ 1 500 000 estampes. Depuis lors, les collections ne firent que s'étendre, en dépit des restitutions faites aux alliés, sous les directions successives de l'helléniste Letronne, du géographe Jomard, de l'humaniste Naudet, du publiciste et homme politique Taschereau, du paléographe Léopold Delisle. Comme tout dépôt précieux, elles n'ont pas échappé aux soustractions criminelles : les plus dommageables furent, (sans remonter au vol de manuscrits commis en 1707 par Jean Aymont), en 1804 le vol Giraud qui enleva au Cabinet des Médailles la Couronne d'Agilulfe, l'agate de la Sainte-Chapelle, le calice de Suger et le poignard de François Ier, en 1831, le vol Fossart, qui donna lieu à d'injustes attaques contre Raoul Rochette, conservateur du Cabinet des Médailles et, à la fin du règne de Louis-Philippe, les vols Libri, qui portèrent principalement sur les collections Baluze, Peiresc et des frères Dupuy. Malgré la difficulté d'une surveillance qui, pour être minutieuse et continue, exigerait un personnel de garde très supérieur à l'effectif budgétaire, ces méfaits sont demeurés isolés.

On trouvera dans la suite de ce travail l'indication des divers catalogues à l'aide desquels le public peut se reconnaître dans les richesses de la Bibliothèque. Il n'en existe de *général* que pour les Imprimés ; encore n'est-ce qu'un catalogue par fiches, tenu à jour par l'insertion des notices de deux recueils périodiques récents : le bulletin mensuel des publications étrangères, fondé en 1874, et le bulletin mensuel des récentes publications françaises, qui date de 1882. Ce répertoire ne sert qu'à l'usage intérieur, pour les renseignements à fournir au public et les corrections à apporter aux bulletins de demande. On n'a encore que l'amorce du catalogue général *imprimé*, dans l'ordre alphabétique des noms d'auteurs, jugé plus pratique que l'ordre des matières. Le premier volume a paru dans le courant de 1897, le vingt-neuvième est sous presse, il s'arrête au milieu de la lettre C. Il s'en publie en moyenne quatre volumes par an, contenant chacun environ dix mille articles. Mais les catalogues *spéciaux* abondent, comme on le verra plus loin, pour tous les départements ; seule l'insuffisance de ressources mises à la disposition de l'administrateur général ralentit la marche de ces travaux, dirigés par chacun des conservateurs et dont beaucoup sont de véritables monuments d'érudition.

III

L'ORGANISATION ADMINISTRATIVE. — LES RÉFORMES DÉSIRABLES

La Bibliothèque Nationale est gouvernée par un administrateur général nommé par décret. Il est secondé, pour chacun des Départements des Imprimés, des Médailles, des Manuscrits et des Estampes, par un conservateur chef de service. Ceux-ci sont assistés de conservateurs adjoints, au nombre de trois aux Imprimés (dont un pour la section quasi autonome des Cartes) et d'un pour chacun des autres Départements. Enfin le secrétariat général et le service intérieur sont confiés à un conservateur hors cadres, portant le titre de secrétaire trésorier. Il y a ensuite, en nombre proportionnel à l'importance respective des Départements, des bibliothécaires répartis en six classes, des sous-bibliothécaires qui en forment quatre, enfin des stagiaires qui, contrairement à ce que ferait supposer une

L'ancien Cabinet du Roi.

dénomination inexacte, destinée à disparaître, sont des fonctionnaires véritables, touchant un traitement soumis à retenue. Au dernier degré sont des attachés, payés à la journée et chargés de divers travaux, dont le plus important est la confection des fiches de catalogue. Il faut, pour être admis comme stagiaire, être élève diplômé de l'École des Chartes ou de l'École des Langues orientales, ou produire le diplôme de bachelier et passer un examen d'admission devant un jury présidé par l'administrateur général. Dispense du baccalauréat peut être accordée aux candidats âgés de vingt-cinq ans au moins et trente au plus, ayant travaillé trois ans au bureau du catalogue. On ne peut recevoir le grade de sous-bibliothécaire, sans avoir été, au moins un an, stagiaire et avoir passé un concours devant le même jury. Aucune disposition n'édicte de conditions pour les grades suivants, ni n'astreint les choix du ministre à des tours d'ancienneté et de choix. La suppression des commis, préposés aux rangements, a été décidée par voie d'extinction ; ils sont remplacés, au fur et à mesure, par des gardiens.

Cette organisation est de date relativement récente ; la création des Départements ne remonte qu'à Jean-Paul Bignon ; ils étaient ainsi répartis : 1° les manuscrits, 2° les imprimés, 3° les titres et généalogies, 4° les planches gravées et estampes. Le retour de Versailles du Cabinet des Médailles modifia cette distribution. A la Révolution, le Cabinet des Titres devint une simple division du Département des Manuscrits. La section actuelle des Cartes forma un département sous Jomard, de 1829 à 1838, date de sa nomination comme administrateur général. On la rattacha en 1839 aux Estampes, d'où elle passa aux Imprimés en 1858. Les maîtres et gardes de la librairie qui, de 1373 avec Gilles Mallet, jusqu'à Boivin en 1691, alternèrent à la tête de la Bibliothèque du Roi, firent place, en 1718, à des bibliothécaires royaux, titre un moment transformé, en 1792, en celui de bibliothécaire national. En 1795, l'organisation polycéphale du Directoire qui présidait aux destinées de l'État fut étendue à la Bibliothèque : un Conservatoire, dont Barthélemy fut le premier président, comprenait huit membres (deux conservateurs des imprimés, trois des manuscrits, deux des médailles, un des estampes) et nommait dans son sein un directeur annuel. L'unité d'impulsion reparut naturellement avec le Consulat, et ce n'est que pour la forme que l'administrateur fut assisté d'un Conservatoire, au caractère purement consultatif. Cet état de choses s'est perpétué, avec des modalités diverses, jusqu'au décret du 17 juin 1885 (modifié, quant aux effectifs et aux traitements, par ceux des 20 juillet 1891 et 30 juillet 1902) qui régit aujourd'hui l'établissement.

Des gardiens sont préposés à l'entretien des locaux et au service du public; un atelier de reliure et de collage assure l'exécution des menus travaux de conservation des volumes, atlas et recueils, ainsi que des pièces détachées. Un atelier de photographie a été installé en 1880 à la Bibliothèque et exécute, aux frais des particuliers, des reproductions, de jour en jour plus nombreuses, des documents faisant partie de ses collections; le nombre des autorisations pour photographies de documents s'est élevé, l'an dernier, rien que pour le Cabinet des Estampes, à quatre cent quatorze, portant sur trois mille sept cent six pièces. L'accès de la Bibliothèque est public pour tous, pendant les heures d'ouverture, qui varient actuellement entre la durée minima de 10 heures à 4 pendant les mois d'hiver, et celle de 9 heures à 6 pendant les mois d'été. Mais la double nécessité de protéger les collections contre un usage indiscret et de défendre les travailleurs sérieux, présentant les justifications nécessaires, contre la concurrence des simples oisifs ou amateurs qui, tout à la fois, leur disputeraient les places et prolongeraient leur attente par la multiplicité des communications, a conduit à concentrer ces derniers dans un local spécial : la salle de lecture, dotée de son contingent propre d'ouvrages (une quarantaine de mille). Une carte d'entrée, pour la journée, à la salle de travail est d'ailleurs délivrée à ceux de ses visiteurs qui auraient demandé un ouvrage ne figurant pas dans ses casiers. Elle a reçu, en 1905, 44 812 lecteurs et délivré 63 849 volumes, tandis que la salle de travail en communiquait 534 169 à 163 719 lecteurs.

La salle de travail des imprimés dispose, en outre du contenu de ses immenses magasins, d'un important arsenal de dictionnaires, encyclopédies, répertoires, recueils et collections divers, placés sur des rayons où le lecteur les consulte, sans avoir à faire de bulletins de demande. Ces derniers sont divisés en individuels et collectif : les uns portent, avec le nom, l'adresse et la place du demandeur, l'indication d'un ouvrage comprenant ses titre, format, lieu et date de publication, et, autant que possible, sa cote au Catalogue général (ces indications sont complétées, au besoin, par les bibliothécaires de service au bureau) ; sur l'autre sont inscrits, lors de leur remise au lecteur, tous les ouvrages qu'il a demandés, et il doit le présenter à la sortie, dûment timbré d'un « rendu » pour chacun d'eux. Les livres peuvent être demandés à l'avance, soit par correspondance, soit au moyen d'un bulletin « rose » placé la veille dans une boîte spéciale ; ils peuvent également être gardés, d'un jour à l'autre, à la disposition du lecteur, pour lui éviter la perte de temps résultant d'une nouvelle recherche. Le prêt de livres au dehors de l'établissement peut être consenti, mais seulement pour les ouvrages en double ; toutefois en raison de l'unicité des manuscrits, les originaux eux-mêmes peuvent sortir de la bibliothèque sur autorisation ; si c'est à destination de l'étranger, la demande doit être présentée par l'ambassade à laquelle ressortit le demandeur. Le Département des Manuscrits a reçu, en 1905, 35 212 lecteurs et délivré 63 702 volumes ; celui des Estampes a reçu 18 017 travailleurs et communiqué 83 868 pièces ; la clientèle des Médailles a été de 592 personnes. La Galerie Mazarine, avec son exposition permanente, et le Cabinet des Médailles sont visibles pour le public les lundis et jeudis, de 10 heures à 4 heures. La Bibliothèque ne ferme que les jours de fêtes légales, à l'exception d'une période de quinze jours avant Pâques, pour le nettoyage et le rangement annuels. Un buffet, où l'on peut avoir des aliments chauds, a été ouvert il y a quelques années, pour les travailleurs qui désirent prendre leurs repas, sans sortir de l'établissement. Il est administré en régie ; les bénéfices en sont répartis sur l'effectif du petit personnel de service.

Le budget dont dispose la Bibliothèque pour son administration,

Galerie Mazarine.

son entretien et l'accroissement de ses collections, a beaucoup varié dans la suite des temps. Sous Louis XV, il était de 68 000 livres ; à partir de 1778, il fut porté à 83 000 ; il s'y joignit à plusieurs reprises des allocations importantes, pour faire face à des acquisitions extraordinaires, c'est ainsi qu'à la veille de la Révolution, on le voit s'élever à 169 000 livres. Le fonds annuel fut réduit en 1790 à 110 000 livres, mais, l'année suivante, l'Assemblée Constituante votait une somme extraordinaire de 100 000 livres. En l'an IV, le budget fut relevé à 192 000 livres. En 1805, Napoléon y fit inscrire une allocation extraordinaire de 130 000 francs, à valoir sur un capital d'un million destiné à l'achat des bons ouvrages publiés en France depuis 1775. L'Empereur désirait que la Bibliothèque contînt désormais la totalité des livres existants ; cette somme, ajoutée à l'échange de ses doubles contre des ouvrages possédés par les établissements de Paris et des départements, devait procurer ce résultat. Inutile d'ajouter qu'on se heurtait là pour l'avenir, sinon pour le présent, à une véritable impossibilité. Par la suite cependant, à diverses reprises, des crédits supplémentaires furent accordés, pour des acquisitions importantes dont le montant, rien que sous le gouvernement de la Restauration, atteignit près de 300 000 francs. En 1838, les crédits de la Bibliothèque s'élevèrent à 272 000 francs, plus une somme de 100 000 francs, première annuité d'une allocation extraordinaire de 1 344 000 francs votée par les Chambres l'année précédente, ce qui permit de consacrer chaque année aux acquisitions et reliures une somme de 174 000 francs. Le budget spécial des acquisitions fut réduit par le second Empire à 102 000, puis, en 1858, à 73 202 francs. Ce fut le point le plus bas ; le chiffre se releva à 114 000 francs, et des subsides extraordinaires s'y joignirent, formant, en 1870, un total de 301 000 francs. Les Assemblées républicaines ont aussi voté, à diverses reprises, des libéralités accidentelles.

Le budget actuel s'établit ainsi (exercice 1906) : dépenses de personnel : 445 000 francs, dont 422 567 de traitements et 22 383 d'indemnités ; 2° dépenses d'administration (chauffage, fourniture, entretien, habillements des gens de service, etc.) 56 450 francs ; 3° dépenses pour les collections : Départements des Imprimés : acquisitions 87 700, reliures 33 300 ; Manuscrits : acquisitions 31 500, reliures 4 000 ; Médailles : acquisitions 35 200 ; Estampes : acquisitions 25 090, reliures 2 500. Cette répartition n'a rien de fixe : il est, chaque année, procédé à une distribution des fonds entre les Départements, d'après les négociations en cours et les ventes publiques annoncées, ce qui permet d'avantager tel d'entre eux, au gré des occasions d'achat qui s'offrent. Les accroissements se chiffrent ainsi qu'il suit, en 1905 : imprimés, achats 4 746, dons 4 152 ; manuscrits, achats 1 951, dons 223 ; médailles, achats 285 (dont 60 volumes), dons 145 (dont 55 volumes) ; estampes, achats 625 pièces, dons 1013. D'autre part, le dépôt légal déversait à la Bibliothèque : volumes 19 482 ; musique 6 660 ; périodiques 463 000 (mentionnons pour ordre le dépôt international : 27 volumes, et le dépôt administratif, 355) ; médailles 87 ; estampes 2 618.

La dotation de la Bibliothèque, bien que dépassant 700 000 francs, est insuffisante. Si on peut, à la rigueur, considérer le Département des Imprimés comme décemment pourvu, à condition de s'interdire toute prétention aux raretés qui lui manquent, les trois autres ne disposent que de ressources tout à fait inférieures à leurs besoins. Du moins les Estampes bénéficient-elles du dépôt légal, mais les Manuscrits et les Médailles ne s'accroissent que par leurs acquisitions, ou par les libéralités particulières, et les hauts prix qu'atteignent aujourd'hui les objets de leur spécialité les mettent à peu près dans l'impossibilité de compléter leurs collections. Une autre conséquence de l'insuffisance du budget est la lenteur avec laquelle se poursuit la confection du catalogue imprimé ; du train dont il va, on peut compter que trente ans seront encore nécessaires à son achèvement ; encore faudra-t-il le recommencer aussitôt, puisque les mentions du premier volume auront alors près de quarante ans de date.

Un crédit annuel de 100 000 francs devrait être affecté exclusivement à ce travail indispensable ; le gouvernement a le devoir de provoquer l'attention des Chambres sur cette question de première importance.

L'encombrement de la Bibliothèque est un autre sujet de préoccupation, non moins pressant ; le dépôt légal et les acquisitions ont, en 1905, introduit dans les bâtiments de la rue de Richelieu, on vient de le voir, 26 524 volumes et brochures, et près de 500 000 numéros de journaux. Le château de Fontainebleau leur a, il est vrai, été, en 1888, assigné comme succursale, et il est désirable qu'un grand nombre d'ouvrages sans intérêt, d'immenses collections de feuilles locales, une incroyable quantité de paroissiens, tous copiés sur le même modèle, ou de livres de classe ressassant les mêmes matières, y émigrent le plus tôt possible. Mais cet exutoire sera d'une faible ressource, et il faudra aviser à d'autres moyens plus décisifs, si, comme cela s'impose, la réglementation du dépôt légal est prochainement améliorée. La loi de 1881, est en effet, des plus défectueuses sur ce point, c'est ainsi qu'elle fait bénéficier l'assujetti d'une prescription si courte (trois mois) que l'obligation qui le grève devient à peu près lettre morte. L'administration, qui ne dispose d'aucun moyen général et complet d'investigation, (les bulletins bibliographiques, qui pourraient la guider, puisant leurs éléments au service même du dépôt), n'est avertie, le plus souvent, de la publication du livre non déposé, qu'après l'expiration du délai. De plus c'est à l'imprimeur, et non à l'éditeur, comme le bon sens l'indiquerait, que cette obligation incombe ; d'où le grand nombre d'ouvrages arrivant à la Bibliothèque sans leurs couvertures, leurs titres, et, ce qui est plus grave, leurs planches, qui en font souvent le principal intérêt, à moins que ces planches n'arrivent en noir, au lieu d'être coloriées, enlevant ainsi à certains travaux d'anatomie, de zoologie, d'art héraldique, etc., un élément d'utilité et même de compréhension indispensable. Le ministère de l'Instruction publique serait enfin mieux qualifié que celui de l'Intérieur, sollicité par un tout autre

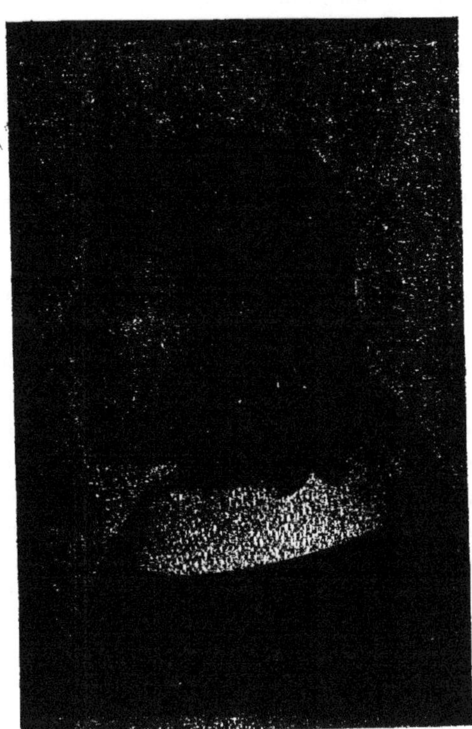

Portrait de Jean II le Bon.
Galerie Mazarine.

ordre de préoccupations et d'affaires, pour assurer en ces matières la réformation et le respect de la loi.

Une autre question a été, à plusieurs reprises, soulevée et débattue dans la presse, celle de l'éclairage artificiel. On se plaint que le plus vaste et le plus précieux de nos dépôts garde ses portes fermées dans la soirée, mettant ainsi dans l'impossibilité d'y recourir une foule de personnes retenues par leurs travaux pendant la journée, et on prend texte de l'exemple de la Bibliothèque Sainte-Geneviève, pour réclamer des séances du soir. Ce désir se heurte à plusieurs sortes de difficultés : d'abord le péril qu'on ferait ainsi courir à des collections irremplaçables, — et l'incendie récent de la Bibliothèque de Turin commande, en cette matière, de redoubler de prudence ; — en outre l'ouverture le soir entraînerait deux nouvelles catégories de dépenses : pour l'installation et le fonctionnement de l'éclairage, et, en second lieu, pour l'accroissement de personnel nécessité par une semblable prolongation de travail. A quel chiffre s'élèverait l'augmentation budgétaire correspondante ? Il n'est pas téméraire de l'évaluer aux environs de cent mille francs par an, tous travaux de canalisation et d'appareils une fois payés. Et, puisque les intérêts du personnel sont ainsi mis en cause, ce nous est une bonne occasion de signaler que, pour les appointements de début tout au moins, il est actuellement de beaucoup le plus mal traité, par comparaison avec celui des autres Bibliothèques de Paris, et que le plus important, sans conteste, de ces établissements, aurait droit, pour le moins, à l'égalité sous ce rapport. On nous permettra, en terminant notre travail, cette réflexion dictée par le strict esprit de justice ; nous craindrions d'être trop long, si nous y ajoutions l'expression de notre reconnaissance pour le zèle et le dévouement de nos collaborateurs de tout ordre.

La Vierge sur une branche de lys, entourée des quatre éléments.
L'une des plus anciennes gravures françaises sur bois (fin du XIVe siècle), conservée dans la série des Incunables, au Cabinet des Estampes.

LE

DÉPARTEMENT DES ESTAMPES

I

ORIGINES

L'ancien Cabinet des Estampes du Roi, devenu officiellement aujourd'hui le Département des Estampes, occupe dans la Bibliothèque Nationale une place à part, et je ne lui reporterais pas une mince gloire si je m'avisais de prétendre que, sans la gravure, le merveilleux dépôt de nos livres imprimés n'existerait pas. N'est-ce point en effet aux premiers tailleurs d'histoire sur bois, aux naïfs et ingénieux graveurs des images de piété de la fin du XIVe et du commencement du XVe siècle, que nous devons les premiers essais d'impression en caractères fixes ? et ces caractères immuables se transformèrent peu à peu, se séparèrent, divorcèrent, et fournirent aux prédécesseurs de Gutenberg ou des autres ouvriers de Mayence un modèle de types mobiles dont la formule originelle, modifiée et rendue pratique, a donné au monde tous les livres imprimés depuis près de cinq cents ans.

Disons donc que sans les peintres, et sans les tailleurs de formes, ou graveurs sur bois leurs succédanés, les bibliothèques les plus vantées et les plus riches en seraient réduites aux manuscrits, et que sûrement le Cabinet des Estampes n'existerait que comme simple dépôt de dessins ou de miniatures. On le voit, bien que le dernier venu dans la division en sections séparées, le sanctuaire des pièces gravées est en réalité le plus vénérable, puisqu'il renferme quelques-uns des ancêtres de la lignée incomparable, commençant à Gutenberg — ou à d'autres, vers le milieu du XVe siècle — et poursuivie jusqu'à nous, sans interruption de continuité.

Mais comme il arrive souvent dans les répartitions de gloire, la collection royale des imprimés s'était constituée depuis plus de cent cinquante ans lorsqu'on voulut bien convenir qu'il y avait des graveurs, et que ces artisans modestes imprimaient des images. Jusque-là, ce qu'on en avait remarqué dans les livres paraissait un dérivé naturel de la typographie, et, par une singulière méconnaissance, on en faisait honneur à celle-ci. Telles étaient du moins les opinions des premiers collectionneurs d'estampes au commencement du XVIIe siècle, quand le goût vint de les réunir. Encore ne les voulait-on que rappelant les œuvres de Raphaël ou de sa pléïade, et proscrivait-on l'incunable comme ridiculement gothique et « magot ».

Toutes les histoires spéciales de l'imagerie ont malheureusement leur point de départ dans les premiers ouvrages qui lui furent consacrés, et les jugements en sont entachés de parti pris et d'igno-

Le Cabinet des Estampes (salle de travail).

rance. Il y avait déjà des légendes colportées et recueillies qui niaient que la gravure en relief dépassât les dernières années du xve siècle, et que la gravure au burin fût antérieure à certain orfèvre de Florence cité par Vasari. D'ailleurs ces recherches de priorité ou d'origine ne passionnaient pas ; on composait des albums de pièces « honnestes » sans grand souci d'enseignement. Les plus qualifiés amasseurs de figures dont les noms nous sont restés, le médecin Delorme sous Louis XIII, Claude Maugis, secrétaire de Marie de Médicis, et plus tard Rousseau, ou le célèbre abbé de Marolles, sans parler des frères Dupuy, bibliothécaires du Roi, n'attachaient aucune importance aux œuvres des précurseurs qu'ils ne connaissaient pas. L'estampe contemporaine, ou tout au plus cherchée dans le XVIe siècle, était ce qu'ils comprenaient et souhaitaient de préférence. Et les sentiments un peu exclusifs de ces hommes, soit qu'ils les fissent connaître par des correspondances, ou les chantassent en vers macaroniques comme l'abbé de Marolles, devinrent l'assise sur laquelle furent basées les opinions des générations suivantes. Jusqu'à nous l' « incunable », c'est-à-dire l'essai des plus vieux artistes, ne comptait pas ; et, plus tard, lorsque les curieux consentirent à s'y arrêter, on avait tant dit et répété, en France, que ces choses étaient laides et rappelaient les œuvres allemandes, que tout naturellement les Allemands les revendiquèrent, les accaparèrent ; ils les gardent encore.

Ne récriminons point, ne cherchons pas à expliquer non plus quel classement étrange et illogique a pu faire attribuer au Département des Imprimés les *Apocalypses* xylographiques, — œuvres de graveurs et non d'imprimeurs, — quand le Cabinet des Estampes eut été leur place toute naturelle. Ce sont là des partages de début, imaginés au temps où l'image ne pouvait raisonnablement prétendre à une ancienneté trop marquée. Mais si je parle de l'Apocalypse, c'est que l'un de ses premiers tirages est visiblement inspiré, comme illustrations, de la fameuse tapisserie d'Angers dont le dessin est de Jean Bondolf, dit de Bruges, et qui fut tissée à Paris par Nicolas Bataille, vers 1380. C'est là un pur album d'estampes, un recueil d'images où le texte compte pour bien peu[1].

1. Cette théorie nouvelle développée dans le livre intitulé *Les Deux cents incunables*

Malgré le dédain injustifié dont les vieux iconographes firent preuve en maintes circonstances envers ces reliques des anciens graveurs, le Cabinet des Estampes est en Europe un des plus

Ea. 25. a.

L'histoire de la vraie croix.

Gravure en bois anonyme du commencement du XVIe siècle. Seule épreuve connue.

riches en pièces de cette qualité. La plus grande part provient d'une acquisition faite en bloc au milieu du XIXe siècle par le conservateur

du Département des Estampes. (Paris, Lévy, 1903, in-fol. et un vol. in-8°) vient de recevoir sa confirmation par l'acquisition d'une pièce du plus haut intérêt, datant de 1400 environ et dont le travail est de la main des artistes de la célèbre *Apocalypse*. Cette pièce renferme des *vers en français*, ce qui ne laisse aucun doute sur son origine.

adjoint Duchesne; le reste fut recueilli depuis moins de cinq ans. L'un de ces documents, provenant de M. Hennin qui l'avait découvert à Lyon, est un essai brutal, embryonnaire, de reproduction graphique sur « tables, » c'est-à-dire en relief sur bois. L'épreuve en est tirée sur un papier cotonneux, épais, de fabrication primitive. D'après la silhouette de la Vierge qui y est représentée, la couronne qu'elle a sur la tête, et les fonds losangés, on reporte l'exécution de la gravure au commencement du règne de Charles VI, dans le dernier quart du XIVe siècle.

Le mode de graver, de produire ce que nous nommons l'estampe et ce que les vieux appelaient une image ou une histoire, s'obtient aujourd'hui par des procédés multiples, bois, burin en creux, eau-forte, aquatinte, manière noire, gillottage ou photogravure. Longtemps ces procédés furent réduits à deux, et de ces deux prototypes sont sortis tous les autres. Il en est de l'impression comme de la roue de brouette tournant sur un essieu, qui nous a successivement donné les charrettes, les carrosses, les diligences, les chemins de fer, les bicyclettes et les automobiles. Tous les procédés de production d'estampes dont nous avons parlé se ramènent finalement à deux pratiques : au relief et au creux, à la taille sur bois et à l'incision sur métal. Sauf l'introduction de la photographie, nous ne savons rien de plus que les praticiens du XIVe siècle; la typographie, le livre, le journal, sont des descendants directs des xylographistes.

La taille en relief, — en épargne ou en champlevé, — procède des émaillistes en champlevage. Elle consiste à isoler le trait d'un dessin comme sont nos timbres humides, à encrer ce trait, ce *relief* et à l'appliquer sur un papier par la pression.

La taille au burin, ou en creux, la *taille douce*, est une opération toute contraire. Elle s'exprime par des incisions dans un métal; ces incisions ou creux se produisent au moyen d'un outil affilé. Dans ces creux, on insinue de l'encre; on humecte ensuite un papier qui s'en va, par une imposition énergique, pénétrer dans les moindres tailles et y aspirer l'encre déposée.

Finiguerra (Tommaso), né à Florence en 1426, mort vers 1470.
Le couronnement de la Vierge.
Épreuve unique d'une « paix » gravée et niellée pour le baptistère de Saint-Jean-de-Florence.
La plaque niellée est conservée au Musée des Offices, l'épreuve est exposée au Cabinet des Estampes.

Sur la foi de Vasari et de Benvenuto Cellini, qui rapportaient des traditions de bedeaux, l'idée de l'impression en creux, — en taille-douce — serait venue à un orfèvre de Florence, Tommaso, dit Maso,

Finiguerra, vers 1450. La seule épreuve connue de ces opérations serait la très légère et très délicate feuille de papier représentant un *Couronnement de la Vierge*, dans le moment possédé par notre Cabinet des Estampes.

Dût notre orgueil de possesseurs en pâtir, et la gloire de l'orfèvre florentin y perdre, dût aussi l'abbé Zani, qui l'avait découverte chez nous, en tressaillir dans sa tombe, il paraît bien établi à cette heure : 1° Qu'on imprimait en taille-douce, quatre ans au moins avant 1450, date fixée par les iconographes — ils se sont tous répétés depuis un siècle. — 2° Que Maso Finiguerra n'est pas l'auteur du *Couronnement de la Vierge* dont le métal existe encore, puisque Vasari et Cellini lui attribuent une *Passion* et un *Crucifiement*, et non un *Couronnement*. 3° Que l'affirmation faussée vient d'un certain abbé Gori, vivant dans le XVIIIe siècle. 4° Que le style de l'œuvre est visiblement postérieur à la date indiquée, et tout au plus imputable à un graveur de 1480 ou 1490. 5° Enfin, que la pièce n'est pas une estampe proprement dite, puisque les lettres ont été gravées à l'endroit et se sont, à l'impression, répétées en sens contraire. D'ailleurs si l'on compare sans parti pris l'épreuve de Paris au métal de Florence encore existant, on s'aperçoit vite de différences sensibles qui sembleraient indiquer une réplique pour l'un ou l'autre des objets. Quoi qu'il en soit, l'épreuve retrouvée par Zani au Cabinet de Paris, en 1797, restera longtemps encore une relique insigne. Les légendes artistiques sont les plus difficiles à détruire. Il faut savoir gré à M. Eugène Dutuit, le célèbre collectionneur, de l'avoir tenté, et à M. Milanesi de l'avoir voulu aussi, bien que ce papier constituât en faveur de l'Italie un nouveau titre à notre admiration.

M. Duchesne, qui tenait autrefois pour Finiguerra, a fait enfermer l'épreuve dans un encadrement gothique selon le goût des romantiques de 1830.

La prétendue découverte de l'abbé Zani en 1797 avait eu un retentissement énorme en Europe. La preuve était faite en faveur des Italiens. Vivant Denon, qui devait occuper les plus hauts emplois dans les Beaux-Arts sous le premier Empire, nous a laissé une représenta-

L'abbé Zani découvrant l'épreuve de la « paix » de Finiguerra en 1797.
D'après l'estampe de Dominique-Vivant Denon, exposée au Cabinet des Estampes.

tion gravée de l'abbé au moment de la trouvaille. Nul ne s'étonna jamais qu'une pièce aussi précieuse fut restée plus d'un siècle enfermée dans un recueil, sans que personne la devinât. Or, on ne l'avait ni remarquée ni *vue* avant Zani ; Mariette même ne l'avait pas signalée !

Il plane sur tout ceci un singulier mystère, et ce mystère même contribuera à rendre illustre un papier qui, sans ce doute heureux, n'aurait pas une célébrité comparable à celle d'authentiques Baccio Baldini, ou de Schongauër indiscutables. Mais par une suite d'œuvres, aujourd'hui conservées au Kupfertisch Kabinet de Berlin, et autrefois possédées par Renouvier, il semblerait établi qu'à la date de 1446 des graveurs lorrains-flamands possédaient la recette de l'impression en taille-douce. Du moins gravaient-ils leur lettre à l'envers pour l'avoir à l'endroit lors du tirage. Ils *voulaient* donc une estampe, et non un nielle comme l'auteur du *Couronnement de la Vierge*.

II

ACCROISSEMENTS ET DÉPLACEMENTS

Une chose ne saurait être niée cependant, c'est la qualité d'art, le charme qui se dégage de cette feuille imprimée. A partir du moment où l'estampe s'élève à cet échelon, elle tente les amateurs au même titre que les médailles ou les tableaux peints. Elle sort de l'imagerie religieuse banale, dont les vieux ancêtres avaient battu monnaie au beau temps des indulgences. Produite sur bois ou sur métal avec des finesses diverses, mais dans une constante préoccupation de relever son niveau et de s'imposer, la gravure sert à la multiplication des œuvres de peinture, au portrait, aux vues pittoresques. Dès le commencement du XVIe siècle, on voit poindre la passion du collectionneur d'estampes ; on fixe ces papiers indépendants en des livres, et parfois on les bariole de couleurs pour leur garder un semblant de miniature. Car longtemps encore le travail à la main, l'œuvre originale, si médiocre soit-elle, prime la reproduction gravée. Ce sentiment est si fortement ancré dans les habitudes que les plus délicates histoires d'un Philippe Pigouchet, les plus fines xylographies d'un Vérard, seront taillées en schéma, en silhouette, dans l'attente du bariolage obligé. C'est sous cette forme mixte que les estampes se glisseront dans les collections royales de Blois au temps de la reine Anne de Bretagne. On les verra ainsi confondues avec les livres, sans destination spéciale, comme cette danse macabre imprimée par Cousteau en 1498, qui n'entra à la Bibliothèque royale que dûment enluminée par un peintre, si bien enluminée même qu'on la jugea longtemps un dessin à la main.

Albert Dürer (né en 1471, mort en 1528.) — Tête de cerf.
Dessin exposé au Cabinet des Estampes.

Mais ni le roi Louis XII, ni la reine Anne n'eurent l'idée de créer un cabinet d'estampes dans leur librairie particulière, — embryon de notre Bibliothèque Nationale d'aujourd'hui, — ils se conformaient aux usages, et n'imaginaient point que ces « hystoires » pussent intéresser pour elles-mêmes, comme un roman de chevalerie ou un « pourtrait » de la main de Perréal. Leur successeur, François Ier, lui-même, tout « Restaurateur des Arts » qu'on le répute, tout féru de snobisme italien qu'on le devine, n'accorda à la planche gravée qu'une considération réservée. Bonne pour illustrer un livre, pour fournir les dessous d'une pseudo-enluminure, mais digne d'arrêter ses regards, même venant d'un Dürer ou d'un Marc Antoine, cela eut paru invraisemblable. Et nous verrons ses descendants médiats ou immédiats, Henri II, Catherine de Médicis, François II, Charles IX, Henri III tantôt amasseurs de livres, tantôt dilapidateurs, se détacher complètement de l'estampe en faveur du dessin original, du manuscrit historié ou de la peinture sur tableaux. On sent par la façon dont Henri III traite les livres — qu'il découpe volontiers, — que les travaux mineurs de la reproduction gravée ne comptent pas dans les modes du jour. Si admirables que nous les estimions à cette heure, si définitives d'accent et de technique que nous les réputions, après trois siècles révolus, les images à l'encre noire étaient des pauvretés, des ornements de pacotille, quelque chose de pareil à ces chromos dont s'amusent aujourd'hui les gens simples. Et comme la librairie royale était alors essentiellement réservée aux rois et aux princes, que l'on n'avait pas à tenir compte, ainsi que nous autres, de toutes les curiosités, de toutes les manies d'un public varié et éclectique, les gardes des livres royaux ne s'avisaient point d'encombrer le dépôt confié à leurs soins de choses méprisées et dédaignées par les hautes classes.

Donc ni à Blois, ni à Fontainebleau où elle fut transférée dans le commencement de 1544, la Bibliothèque du Roi ne fit grand honneur aux graveurs, en donnant à leurs productions une place spéciale. Même les livres d'impression typographique n'y sont pas traités avec la considération des manuscrits grecs ou des romans de chevalerie écrits à la main. Guillaume Budé, bibliothécaire du Roi, est encore de l'ancien régime du manuscrit; si le dépôt renferme beaucoup d'ouvrages de typographie moderne, une bonne part en vient des ducs de Bourbon; ils ont été simplement confisqués au Connétable. Puis la passion du livre ou du manuscrit s'exprime chez

Henri II par un luxe de reliures qu'on s'est parfois un peu hâté de reporter au roi. En réalité certains auteurs tenaient à ce qu'un ouvrage, venu d'eux, parût sur les pupitres royaux, et ils faisaient la dépense d'une décoration somptueuse demandée à Roffet ou à

Jacques du Puy (né en 1586, mort en 1656.) — Garde de la Bibliothèque du Roi.
D'après la gravure de Jac. Duflos, Cabinet des Estampes N. 2.

Geoffroy Tory. Mais qu'un graveur s'avisât de mettre son œuvre en un beau cadre et l'envoyât au Roi, les palais ne comportaient pas de décoration semblable au milieu des tableaux de maîtres encombrant les moindres recoins. On l'eut refusée ou donnée aux laquais.

Aux approches de la Saint-Barthélemy, la Bibliothèque de Fontainebleau fut amenée à Paris et placée Dieu sait où. On suppose en l'hôtel de la reine-mère, aujourd'hui remplacé par la Bourse du Commerce. Ce qui est sûr, c'est que, à la mort de Catherine, Henri IV la prit où elle se trouvait, et la vint loger au collège de Clermont d'où les jésuites avaient été expulsés. Il y joignait les précieux manuscrits venus des Strozzi chez la reine Catherine, et il les gardait en dépit des créanciers de la reine et de leurs protestations indignées.

En 1604, nouvelle promenade de la librairie royale. Les jésuites rentrent et reprennent leur collège. Une salle du couvent des Cordeliers est libre, on y case les livres tant bien que mal, mais plutôt mal. Une partie de ce bâtiment existe encore, c'est à cette heure le Musée Dupuytren, en face de l'École de Médecine. Un simple transfert d'une salle à un autre local dans l'enceinte des Cordeliers, laissa plus d'aise au dépôt royal. Cette fois on l'installa en bordure de la rue de la Harpe, près de Saint-Côme.

Ceci se passait au début du règne de Louis XIII. Et c'est en cet endroit de fortune que, par la disposition testamentaire de l'un des gardes de la librairie, Jacques Dupuy, fut virtuellement constitué le cabinet des Estampes du roi.

Le 27 avril 1654, Dupuy faisait don à l'établissement — qu'il avait dirigé, enrichi et classé, — de tous ses livres gravés en taille-douce, de ses estampes d'après Rubens, soit reliés, soit en feuilles. Il insistait « sur la nécessité de séparer les estampes des livres ordinaires ». Mais les locaux se prêtaient mal à son désir; il faudra attendre treize ans encore avant que les intentions de Dupuy fussent entendues et remplies.

A cette époque Louis XIV règne; un illustre collectionneur qui fut son ministre, le cardinal Mazarin, lui a donné l'exemple de la passion amassante et la juste mesure du goût. Il a fait mieux, et il le dit : il lui a laissé Colbert. Or, Colbert, au milieu d'affaires graves, a la constante préoccupation de la Bibliothèque du Roi, entassée dans un taudis, et livrée aux poussières et à l'humidité. Il est propriétaire d'un hôtel à deux ailes, situé dans la rue Vivienne, vis-à-vis du palais Cardinal, il l'offre au roi pour y établir ses trésors plus à l'aise. Ceci se passait en 1666.

Michel de Marolles, abbé de Villeloin (né en 1600, mort en 1681.)
D'après la gravure de Robert Nanteuil (1657), qui a figuré en tête du catalogue de Marolles.
Cabinet des Estampes Yd. 1.

L'année suivante, l'abbé de Marolles, érudit, collectionneur, écrivain d'art, titulaire d'un monastère de Touraine qui assurait sa vie matérielle, faisait proposer à Louis XIV une cession complète de sa collection, renfermant 123 000 pièces dessinées ou gravées. Dans une lettre, le savant abbé conseillait au Prince la création définitive d'un cabinet d'Estampes, lequel, disait-il, « ne serait pas indigne d'une bibliothèque royale, où rien ne se doit dédaigner ». Ainsi, même après le don de Jacques Dupuy, même après l'installation de la librairie royale dans un logis plus commode, rien n'était donc fait définitivement. Un accord intervint alors, et moyennant la somme de 30 400 livres représentant, en valeur relative de ce temps à nous, plus de 300 000 francs, Colbert assurait au Roi un ensemble, qui dans une vente moderne à Paris ou à Londres, atteindrait facilement aujourd'hui plusieurs millions. L'abbé de Marolles, par bonheur pour lui et pour nous, avait su contenter sa manie à une époque heureuse où des dessins originaux de Dürer s'obtenaient pour un écu, et des estampes de Baldini pour quelques sous tournois. C'est ainsi, croit-on, que l'estampe de Maso Finiguerra, dont on parlait plus haut, avait été acquise dans un lot, en compagnie de vieux bois français et de dessins de Rembrandt ; mais on ne fait que le croire.

Les 520 volumes in-folio abandonnés au roi, et qui eussent d'ailleurs trouvé difficilement une autre place, constituaient un noyau de collection alors unique au monde. Ils renfermaient les éléments complets d'une histoire de l'art, à partir de la fin du XVe siècle. Ce prêtre avait eu tous les vices modernes du véritable amateur ; il poursuivait la série, il se fût battu pour conquérir la pièce manquant à une suite. Toute sa vie il avait recherché l'*Espiègle*, du graveur hollandais Lucas de Leyde, et lorqu'il l'avait trouvée, le propriétaire averti lui avait tenu la dragée haute. Il paya son épreuve 16 louis d'or, au moins trois ou quatre mille francs, par comparaison de valeur de ce temps à nous. Labruyère le railla, on le traita de fol ; mais, dit une personne de qualité : « Une telle folie lui concilia les bonnes grâces de tout homme honneste ».

Au sens le plus exact du mot, l'abbé Michel de Marolles fut même le premier conservateur du Cabinet des Estampes du Roi, aménagé humblement dans l'une des chambres de l'hôtel Colbert rue Vivienne ;

l'acquisition une fois faite et le transfert des recueils opéré, Colbert obtint de lui qu'il s'employât à classer ses albums suivant un ordre, ou plutôt, suivant un débrouillement méthodique. L'abbé n'eut point de titre officiel, mais il recevait pour son travail des indemnités

Nanteuil (Robert), 1623-1678.
Portrait du cardinal Mazarin. (La galerie représentée, dite Galerie Mazarine sert de salle d'Exposition pour les imprimés et les manuscrits.)

variables qui nous sont indiquées par les comptes de la Maison du Roi.

Louis XIV accorda une importance particulière à ces recueils : il les voulut magnifiques, et leur commanda une reliure de maroquin plein. On chargea M. de Monceaux, qui voyageait alors dans le Levant, de choisir des peaux, teintes en vert ou en rouge, qui pussent chacune fournir la reliure de deux volumes in-folio. Les armes du roi étaient imprimées en or sur les deux plats ; une dentelle dorée en formait le cadre de bordure. Ces livres vénérables sont toujours là, ils ont résisté aux communications les plus répétées, et je dois dire, les moins prudentes. Encore à peu près au complet sur les rayons du Département des Estampes, ils sont noyés dans la masse énorme des œuvres entrées depuis 1667 au cabinet de Paris.

On n'a pu démêler, ni dans les chroniques, ni dans les lettres particulières, aucun indice qui nous vînt révéler la situation exacte du dépôt d'estampes à l'hôtel Colbert, entre 1667 et 1721. Les recueils de Marolles, joints au don de Jacques Dupuy, étaient-ils même complètement distincts des Imprimés ou des Manuscrits? on le pense, et on est d'autant mieux porté à le croire que, dès 1689, un arrêt du conseil instituait un dépôt obligé de deux épreuves, et astreignait les graveurs à les remettre à la Bibliothèque royale, sous peine d'une amende de 1 500 livres. L'arrêt, portant effet rétroactif, visait toutes les œuvres produites depuis quarante ans, c'est-à-dire à partir de l'année 1650. Bien mieux, l'administration royale avait entrepris un travail gigantesque, qui sous le nom de *Cabinet du Roi*, comportait l'exécution par la gravure, et la publication officielle de planches relatives aux fêtes, aux carrousels, aux bâtiments, sans oublier la reproduction des tableaux conservés dans les résidences royales. C'étaient plus de mille épreuves nouvelles ajoutées aux autres, et formant alors la partie moderne et contemporaine des collections. Une telle entreprise, avec les suites qu'elle laisse prévoir, avait nécessité une installation plus large, surtout si l'on tient compte d'une disposition spéciale réservant, pour le cabinet, les cuivres originaux avec faculté de tirages ultérieurs. C'est dire que l'arrêt du conseil créait ce que nous appelons aujourd'hui la chalcographie, et tout ce qu'elle exige d'ateliers, de magasins, et d'attirails de tout genre. Jusqu'en 1812 l'impression se fera à la Bibliothèque du Roi.

Neuf cent cinquante-six cuivres gravés furent ainsi mis en service ; ils s'accrurent de plus de 1500 autres dans le courant du XVIIIe siècle. A l'origine, un des attachés de la maison, nommé Clé-

Rembrandt van Ryn. — Étude de jeune fille.
Dessin exposé au Cabinet des Estampes.

ment, eut la charge du dépôt légal et de l'impression des planches. On lui avait adjoint un maître imprimeur en taille-douce, le sieur Goyton ; Richer, graveur en lettres, fut désigné pour les légendes à inscrire sur les cuivres.

Il arriva que ce Clément, homme modeste, et qui n'était pas à beaucoup près un érudit, s'intéressait à la recherche des portraits contemporains. Il n'était pas le premier dans le genre, même il venait longtemps après la famille de Rostaing, le président de Bournonville, M. de Villeflix, M. Rousseau, dont les collections renfermaient, en crayons, en tableaux ou en estampes, les réunions de portraits les plus rares, qui pour la plupart, devaient dans la suite enrichir le Cabinet du Roi. Somme toute Clément devançait, dans les siècles, nos modernes philatélistes, ou nos amoureux de cartes postales; il amassait, au hasard des rencontres, bonnes ou médiocres effigies. De la sorte il s'était procuré plus de 18000 pièces gravées en France ou à l'étranger depuis deux siècles. En mourant, Clément léguait à l'État ses recueils complets, et constituait ainsi la première mise d'une de nos sections les plus célèbres et les plus consultées, la collection générale des portraits, accrue progressivement depuis 1712, et renfermant, dans l'instant, bien près de 300000 numéros différents, classés alphabétiquement, sans nul souci de la valeur d'art.

L'entrée des portraits légués par Clément eut une portée plus considérable qu'on ne l'eût pensé dès l'abord ; elle créait dans le Cabinet du Roi, plutôt considéré comme un musée, une sorte de division auxiliaire, une section plus populaire, moins réservée aux érudits et aux curieux de marque. A partir de ce moment, la Bibliothèque royale laissait entrevoir un avenir prochain, où les communications et les recherches seraient moins l'apanage de rares agréés, de lecteurs autorisés directement à user de ses dépôts. Précisément, la donation d'un autre fonds considérable venait, vers le même temps, accentuer encore ce que les portraits de Clément faisaient espérer, En 1711, Roger de Gaignières, ancien officier civil de la maison de Guise, amateur éclairé, possesseur de collections immenses en tous genres, peintures, dessins, gravures, plans, costumes, abandonnait au Roi la totalité de ses trésors, parmi lesquels plus de 2000 manuscrits des plus précieux. Mais la majeure partie de ces cartons, bondés de pièces de tous genres, de copies, de transcriptions, si elle n'ajoutait que peu de chose à la gloire du Cabinet des Estampes, venait

Cars (Laurent), né à Lyon en 1703, mort à Paris en 1771.
Fêtes vénitiennes, d'après Watteau. — Cabinet des Estampes (Ee. 5, a. rés.)

par contre lui fournir les éléments de sections nouvelles, celle des *Costumes et mœurs*, celle de la *Topographie* et de l'*Art militaire ;* certains albums de costumes, exécutés par un assez médiocre artiste d'après les tableaux originaux, ou les tombeaux des cathédrales, avaient été destinés à l'amusement de Mme de Montespan, puis à la récréation du jeune duc de Bourgogne ; en entrant au Cabinet du Roi, ils allaient servir à tout le monde.

En quarante-cinq ans, de 1667 à 1712, les Estampes de la Bibliothèque du Roi s'étaient détachées des livres et des manuscrits, s'étaient formées en section indépendante, divisées en séries, et commençaient la marche ascendante poursuivie jusqu'à nous. Le Cabinet des planches gravées, près la Bibliothèque royale, renfermait au temps où l'établissement quitta la rue Vivienne et l'hôtel Colbert, bien près de deux cent mille pièces diverses, beaucoup plus que certains dépôts européens, cités cependant comme riches. Mais il souffrait du manque de place et du salpêtrage des murs.

Louis XIV avait pensé un moment à édifier un monument pour ses collections sur la place Vendôme. L'architecte Robert de Cotte avait même fourni les plans généraux de cet établissement qui prévoyait la destination de la chalcographie, et l'emplacement réservé aux albums d'estampes. Suivant le cas ordinaire, on fut pris de court à la mort du Roi en 1715, et le projet fut abandonné. On fit alors ce qu'on fait toujours en pareil cas, on chercha un pis aller. L'hôtel Colbert non seulement ne suffisait plus, mais il tombait en ruines, il y fallait pourvoir de prompt remède. Juste en face de lui, de l'autre côté de la rue Vivienne, un très grand logis se trouvait inoccupé ; il appartenait à Louis XV, qui l'avait acquis pour y installer la banque de Law, et le tenait des héritiers du cardinal Mazarin. Une légende voulait que le cardinal eût gagné aux cartes l'hôtel principal de la rue des Petits-Champs sur son ami le président Tubeuf. Une fois maître de l'hôtel et du parc qui se prolongeait dans la direction de la rue Colbert, il avait fait construire un corps de logis en galerie longue, sur deux étages, dont le premier était destiné à ses tableaux et le rez-de-chaussée à ses statues. Le graveur Nanteuil avait même représenté le prélat assis dans la galerie haute, encore aujourd'hui conservée intacte. A sa mort les bâtiments qui occupaient tout le carré compris entre les rues des Petits-Champs, Vivienne, Colbert et Richelieu, vint aux mains de ses deux neveux, dont l'un céda sa part au Roi.

C'est dans une partie de l'hôtel Tubeuf et dans le rez-de-chaussée de la galerie que l'on avait placé Law et les services de sa banque. Lors de sa déconfiture, les locaux furent abandonnés, et offrirent aux collections royales un abri d'autant plus commode qu'ils ne nécessitaient pas un déménagement à distance. L'abbé Bignon qui avait succédé à l'abbé de Louvois dans la direction de la Bibliothèque, sollicita l'ordre de transfert, et dès 1721 le Cabinet des Estampes et la chalcographie occupaient une place modeste entre l'appartement du bibliothécaire en chef et les salles des Imprimés. Ils y furent au plus mal, menacés par l'incendie, par l'humidité, par le manque de lumière et d'air. En 1738, on les voulut agrandir en les portant dans un rez-de-chaussée perpendiculaire à la rue Vivienne, ils y furent dans un plus grand péril encore. Puis en 1751, on offrit au Cabinet un entresol, bas de plafond, mais plus sec, en bordure de la rue Colbert où il resta cent trois ans. Dans l'année 1854, on lui attribua la galerie basse de Law où il est encore; c'est là que s'empilent, aujourd'hui, les trois ou quatre millions d'œuvres précieuses ajoutées successivement à celles de Clément, de Marolles, de Gaignières, par dons, par acquisitions, ou par l'effet du dépôt légal.

III

DIRECTIONS SUCCESSIVES

Le temps a couru, les sociétés, les goûts, les intérêts se sont modifiés. Les tableaux des anciens rois ont formé d'admirables musées ouverts libéralement à tout le monde. La Bibliothèque royale après avoir, l'un après l'autre, évincé tous les intrus, même la marquise de Lambert qui lutta jusqu'à sa mort, a reconstitué ses ensembles, réédifié des bâtiments plus modernes, créé des salles spacieuses. La physionomie de l'ancien palais Cardinal a été si radicalement bouleversée que Mazarin lui-même, revenu parmi nous, ne s'y pourrait reconnaître. Cependant, dans ce remue-ménage de plus d'un siècle, au milieu de tous les apports successifs d'architectures de tous les styles et de tous les temps, le Cabinet des Estampes s'est conservé un des rares logis épargnés par les installations nouvelles. Son domicile provisoire dans la galerie basse construite par le cardinal pour y placer des statues est devenu définitif. Au sortir de l'entresol où il étouffait depuis un siècle, et que le départ de la chalcographie n'avait su rendre ni plus sain ni plus spacieux, le nouveau local pouvait passer pour un modèle de confort. Cette salle de soixante mètres, au plafond en voûte surbaissée, décorée de stucs en rosaces et en rinceaux, si elle n'avait guère connu les œuvres en l'honneur desquelles on l'avait édifiée, jouissait d'un renom particulier dans la chronique de la maison. Elle avait, nous l'avons dit, hébergé Law au comble de sa fortune ; elle avait récelé les services de la banque du Mississipi ; enfin, après la déconvenue du financier — quand déjà les services de la Bibliothèque occupaient l'étage supérieur — on y avait connu la Bourse de Paris, le brouhaha, le bruit des agioteurs. Le « Préau de la Bourse » était alors ce jardin, encore conservé en bordure de la rue Vivienne, dont les arbres achèvent d'enlever au Cabinet des Estampes un jour chichement mesuré par les baies en meurtrières grillées. Lorsque les gens d'affaires et les courtiers de spéculation avaient émigré vers le « temple de Mercure », que Brongniart avait bâti non loin de là, la Galerie des Statues du cardinal, déjà noircie par la poussière, fut abandonnée à M. Jomard, qui y vint déposer les documents recueillis par lui pendant l'expédition d'Égypte. Lui-même avait pris son appartement particulier sur une cour intérieure au milieu de laquelle il avait campé sa berline de route, la roulotte gigantesque qui l'avait véhiculé à travers les déserts, en compagnie de ses cartes et de ses plans. Lorsque l'ordonnance de mars 1828 constituait, près la Bibliothèque, une section nouvelle en faveur du vénérable savant, c'est que la Restauration voulait lui offrir une retraite digne de sa vie de labeur. Très logiquement on rattachait ce service de géogra-

Cochin (Charles-Nicolas), 1715-1788. — La Fontaine, d'après J.-B.-S. Chardin.
Cabinet des Estampes. D b. 22.

phie, ou comme on disait et comme on dit encore, — les cartes et plans — au Département des Estampes, si riche lui-même en documents du même genre. Toutefois M. Jomard restait indépendant; le régime de son cabinet était complètement distinct des attributions établies dans la division des planches gravées. Mais en prenant possession d'une partie de la galerie basse, les nouveaux locataires empêchaient que d'autres s'y vinssent implanter. C'était comme une occupation d'attente dont le Département des Estampes escomptait le partage à brève échéance. Celui-ci dut à son conservateur, M. Duchesne, d'y entrer en 1854.

Les exigences d'un aménagement hâtif et parcimonieux ruinèrent les belles proportions de la Galerie du rez-de-chaussée. Un plancher de fortune, planté sur des tréteaux, en releva le sol de plus d'un mètre. Les casiers destinés aux albums resserrèrent les côtés. De cette salle élégante, on fit ce que nous voyons encore, une manière de tunnel que son plafond, empoussiéré depuis Law, depuis la Bourse, laisse sans lumière dans les journées d'hiver. Duchesne qui avait présidé à cette installation l'avait trouvée suffisante. Entré aux Estampes en pleine Terreur, le conservateur se rappelait des logis moins grandioses. Les fenêtres percées dans une muraille de près de deux mètres d'épaisseur, allaient enfin offrir un gîte honorable à son petit musée de pièces rares, et permettre qu'on les vît. Désormais on aurait loisir de ménager aux visiteurs de marque une promenade en des endroits respectables, dont l'histoire prêtait aux conversations un thème facile. Duchesne, qui avait successivement servi sept formes de gouvernement en un demi-siècle, qui avait connu Robespierre, Marat, Barras, Bonaparte, Napoléon, Louis XVIII, Charles X, Louis-Philippe, le Prince Président, inaugurait le huitième régime en même temps que son nouveau dépôt. Fidèle imitateur de son oncle, Napoléon III s'en allait volontiers visiter les grands services de l'État; il voulut connaître la Bibliothèque et saluer dans son Département l'un des plus vénérables fonctionnaires de la maison. On fut pris un peu de court. Diverses œuvres exposées dans la première fièvre des aménagements eussent gagné à disparaître pour cette réception. Plus on a connu de gouvernements, mieux on sait doser ses devoirs successifs et pareillement inexorables. Duchesne qui n'eut pas payé, sous la Restauration,

25 livres pour un portrait de Marat comme on l'avait fait sous la Convention, n'eût point, de gaité de cœur, non plus, offert à Napoléon III la vue d'un portrait de la reine Marie-Amélie. On n'eut pas le temps de retourner contre la muraille celui que la précipitation des rangements avait fait malencontreusement oublier. A peine entré dans les salles, le monarque ne manque point de s'arrêter court

Le cabinet du conservateur au Département des Estampes.

devant l'effigie, heureusement indécise, sans lettre, sans rien qui la pût trahir. La science iconographique de Napoléon ne lui permit point de percer le mystère. Il eut un énigmatique sourire : « Qui est cette dame, fit-il brusquement? Je la connais. » Le conservateur avait de l'esprit, il répondit sans sourciller, en s'inclinant cérémonieusement : « Madame Lœtitia, Sire ! la grand'mère de Votre Majesté. — Je m'en doutais dit l'Empereur, il me semblait bien reconnaître ce bon visage !... »

Au milieu des bâtiments neufs que les architectes modernes ont édifiés pour les Imprimés, les manuscrits et les médailles, le Département des Estampes a donc conservé son allure vieillotte, naïve et indépendante. Un Mazarin, de façon récente, trône dans une niche en haut d'une porte. Des tables pupitres et des chaises de paille forment le mobilier modeste de l'endroit, mais l'artiste qui sait voir et qui veut s'abstraire de ce décor un peu élémentaire, admire le jeu de couleurs chaudes, d'éclatantes tonalités, mises par ces albums rangés aux murailles, dont quelques-uns viennent de Marolles, dont la plupart sont d'apparence plus neuve. Confondus entre eux dans la pénombre, mariés harmonieusement, ils sont, pour les peintres, une symphonie douce que le plein soleil ne trouble jamais. Fortuny a essayé de rendre ce mystère, il est parti à faux dans une composition étourdissante, étincelante, où l'on aperçoit de singuliers Espagnols du XVIIIe siècle, lisant des livres étranges au milieu de sphères et de tables magnifiques. Au temps que Fortuny avait choisi, il n'y avait pas de buste de Mazarin, et pas de bibliothèque là. C'était la Bourse.

Par exemple, le Cabinet réservé au conservateur est une merveille de distinction et d'élégance; il a été aménagé sur une partie des anciens passages occupés par Law; on y a fort heureusement rapporté les boiseries insignes dont le dessin est de Robert de Cotte, qui avaient été enlevées aux salles détruites lors des restaurations de M. Labrouste. Ornées de rosaces, de filets menus, de rinceaux exquis, ces lambris taillés en plein bois de chêne constituent une décoration que bien peu de palais nous montrent aujourd'hui. Les meubles ont été sauvés; la table est celle de l'abbé Bignon, elle est de style rocaille, à huit pieds tors; les chaises sont du modèle reçu lors des premières installations de 1721; les petites consoles-buffets à table de marbre ont été façonnées au moyen d'éléments anciens. A la muraille on a disposé, depuis quatre ou cinq ans, les portraits des divers conservateurs du Cabinet à partir de la création, — ceux du moins dont les effigies nous sont parvenues, — Charles Antoine Coypel, qui succédait à trois autres dont les noms ont peu marqué :

Joly (Hugues-Adrien), garde du Cabinet des Estampes, 1750-1792.
Dessin de du Paquier, exposé au Cabinet des Estampes.

La Hay (1720-1722). L'Advenant (1723-1729) et un autre, l'abbé de Chancey, sur lequel il convient de faire l'oubli (1731-1735).

En 1750, Hugues-Adrien Joly prenait la direction du service ; ce fut sinon le plus érudit, du moins l'homme le plus dévoué, le plus méthodique, le bibliothécaire le plus digne que le Cabinet des

Estampes ait connu en deux siècles. Son portrait au pastel nous révèle sa physionomie ouverte et malicieuse, l'éclair un peu ironique de ses yeux de presbyte, ombrés de lunettes à la Chardin. Pendant quarante-deux ans, Joly avait amassé, classé, déterminé les œuvres confiées à sa garde ; mais la Révolution rendit à la vie privée un fonctionnaire qui avait connu trop de princes, trop fréquenté à la cour, pour être réputé indifférent en politique. Remplacé par Bounieu, dont une des principales tendances était de rendre le Cabinet plus accessible à chacun — ce dont on ne saurait le blâmer — mais qui manifestait cette tendance en enlevant de la porte d'entrée le cadenas de sûreté que son prédécesseur y avait fait mettre, « l'aristocrate Joly », dénoncé par un des fonctionnaires, Tobiezen-Duby, quitta la maison, en compagnie de son fils Jean Adrien. C'était le moment où Chamfort et Carra, tous deux révolutionnaires cependant, allaient payer de leur tête je ne sais quelle participation imaginaire à un complot contre la sûreté de l'État. Divers employés de la maison étaient jetés en prison : Van Praet, Barthélemy, Girey-Dupré entre autres. Lorsque l'orage fut passé, Bounieu céda la place à Joly fils, qui fit aussitôt remettre le cadenas de sûreté « enlevé par Bounieu ». Et le nouveau garde apparaît dans notre galerie d'ancêtres en une jolie eau-forte de Denon, le même Denon qui nous montrera en 1797, l'abbé Zani découvrant le célèbre Maso Finiguerra.

Jean-Adrien Joly, qui se reposait à la fin de sa vie — et non sans aigreur — sur les capacités de Duchesne, son second, et qui n'apparaissait pour ainsi dire plus au Département, fut remplacé par Charles Thévenin, peintre, membre de l'Institut, et ancien directeur de l'Académie de France à Rome. De ce fonctionnaire nominatif, et si peu intéressé à la maison, nous possédons un portrait lithographique, dû à Coignet. De 1829 à 1839, pendant dix ans, Thévenin vint promener au Cabinet des Estampes son ennui, et son ignorance des œuvres qui lui étaient confiées. Enfin, en 1839, Jean

Duchesne prenait le rang, qu'il occupait réellement depuis 1825, il devenait directeur d'un dépôt qu'il avait contribué à mettre en ordre méthodique, et qu'il avait éclectiquement enrichi de pièces les plus rares, et alors les moins recherchées. C'est à Duchesne que nous devons nos incunables de la gravure, nos estampes anglaises en manière noire, le plus beau de nos recueils de crayons du XVIe siècle, celui pro-

Rembrandt van Ryn (né en 1606, mort en 1669.) — Le Christ guérissant les malades.
Gravure connue sous le nom de « Pièce aux cent florins. » 1er État.
Conservée dans la Réserve du Cabinet des Estampes.

venant de Lécurieux et acquis pour 500 francs, quand aujourd'hui de telles œuvres se paieraient plus de vingt fois la même somme chacune. Avec Joly père et fils et Jean Duchesne, le Cabinet des Estampes connut une activité et une ferveur que le zèle des successeurs s'est toujours proposées comme modèles. Nous avons la photographie de Duchesne, une de ces épreuves de début devenues si rares, et qui nous exprime tout : l'âme et le corps de notre prédécesseur vénérable.

Un an après l'installation du Département des Estampes à l'endroit qu'il occupe encore, Jean Duchesne mourait, laissant la charge du service à Achille Déveria. C'était pour bien peu de temps, mais en deux ans, quel éminent office Déveria ne rendit-il pas à notre dépôt national, en y faisant admettre ce système de reliures mobiles imaginé par lui, dont les avantages inappréciables sont à peine gênés par l'absence de foliotation? Dans le classement alphabétique adopté pour les portraits, quelle ressource nous ont apportée ces reliures permettant les intercalations nouvelles, au fur et à mesure des besoins, sans autre gêne que de desserrer deux vis et de glisser le nouveau venu à la place que son nom lui assigne dans la série! Depuis le passage de Thévenin aux Estampes, on redoutait les artistes de profession; Déveria donne un singulier démenti aux théories. Et ce digne homme, ce brave cœur de romantique impénitent ne montrait pas seulement que, dans la pratique courante des rangements, un professionnel vaut parfois un bibliothécaire; averti en diverses choses, Déveria mettait volontiers son érudition au service de tout le monde, et son autorité très douce, très paternelle ramenait vers le Cabinet des Estampes ceux que la sévérité de certains autres en avait chassés peu à peu. On nous a laissé espérer que le portrait de Déveria par son ami et élève, Louis Boulanger, l'un des tenants les plus farouches des « Jeune France », viendrait quelque jour grossir le nombre des portraits de nos conservateurs. Il mettra, dans un ensemble un peu solennel, la note inattendue et révolutionnaire des ennemis du classique.

Avec le comte Henri Delaborde, qui prit la place de Déveria en 1858, le Cabinet des Estampes s'aristocratise, se hausse, et touche à l'Académie. A part Thévenin, aucun membre de l'Institut n'avait encore passé par là, et Thévenin ne devait nullement son titre au poste transitoire occupé par lui. Au contraire le comte Delaborde, peintre cependant, ne s'était réclamé que de son office et de ses ouvrages de critique pour solliciter les suffrages de l'Académie. Né pour elle comme elle était faite pour lui, on s'étonna lorsqu'il y arriva qu'il n'y fût point depuis longtemps. C'est que par l'urbanité de ses

Raffet (Auguste), 1804-1860.
Mercier de Lostende (Henri), attaché à l'ambassade de France à Rome en 1849.
Aquarelle. Dc. 189 l. — Cabinet des Estampes.

manières, la distinction de son autorité, le calme apparent de ses opinions, le conservateur des Estampes était de ceux qui grandissent l'état adopté par eux et qui honorent ceux qui les accueillent. En vingt-sept ans, le comte Delaborde avait mis le Cabinet des Estampes sur un ton, dans une allure, qui laissait à son successeur une lourde tâche. Devenu secrétaire perpétuel de l'Académie, membre de tous les conseils des Beaux-Arts, chacun de ses grades ajoutait au prestige de son Département, tant il s'était identifié avec lui et lui restait obstinément fidèle. L'eût-il souhaité, eût-il même indiqué qu'il le voulût, la direction de la Bibliothèque lui eut été dévolue sans opposition ; mais il ne la désira point.

Il quitta les Estampes (1885) en pleine vigueur de corps et d'esprit pour ménager une succession désirée par lui. Ce fut une des rares choses qu'il eut demandées. Il l'obtint, Georges Duplessis, son second, son ami, allait pendant quinze ans continuer l'œuvre commune, et perpétuer dans le Département l'impulsion prudente et ferme que lui avait imprimée le comte Delaborde. Mais je l'ai dit, la tâche était lourde. Georges Duplessis s'y usa vite, et s'y tua.

En cent soixante-dix-huit ans, de 1720 à 1898, le Cabinet avait connu treize directeurs, mais il s'en faut de beaucoup que leurs seuls noms méritent d'être cités ici. D'autres, plus modestes, ou moins bien servis par les circonstances, ont contribué par leurs talents divers, leur érudition variée, leur méthode et leur assiduité, à mettre le Département des Estampes au rang qu'il occupe aujourd'hui en Europe, c'est-à-dire le premier. Dans une classification générale embrassant à peu près toutes les connaissances humaines, chacun d'eux trouva à utiliser sa science spéciale. Nous avons vu déjà Jean Duchesne relégué aux fonctions secondaires agir comme un chef, et le plus habile, le plus divinateur, le plus éclectique des directeurs. Il y en eut d'autres, par exemple Leblanc, qui possédait admirablement la science utile du marchand d'estampes, Dauban, historien, Arnaudet, iconographe méticuleux, continuateur de Leblanc ; Georges Duplessis, exact, méthodique, dont la calligraphie magnifique apparaît dans presque tous les recueils de la maison. Là aussi avait passé l'illustre maître, Louis Courajod, à qui nous devons la reconstitution à peu près complète de notre art national, un peu trop dédaigné par d'autres; Émile Molinier, un des hommes possédant le mieux l'histoire embrouillée des arts industriels; Flandrin, fils d'Hippolyte Flandrin, qui appliqua aux classements de la Bibliothèque une con-

Bracquemond (Félix). — Le coq.
Épreuve de 1er État. — Cabinet des Estampes, collection Ardail. Ad. 160.

naissance spéciale de l'hagiographie : Auguste Raffet, fils du grand Raffet, qui a consacré une carrière déjà longue à la constitution, au classement de recueils de costumes des plus consultés aujourd'hui.

On ne peut nommer tout le monde, ni tout dire; mais, dans l'administration française, on ne citerait peut-être pas deux exemples d'une direction orientée dans un sens, et ne s'en écartant jamais, où toutes les forces convergent vers un but unique, où l'on ne constate ni défaillances graves, ni désarroi pendant deux siècles. Dans sa

François Clouet. — Marie Stuart (Dessin).
(Cabinet des Estampes).

marche progressive, commencée à la mise de fonds des 123 000 pièces

de Michel de Marolles et continuée jusqu'à nous, le Cabinet des Estampes a réuni plus de trois millions d'épreuves, depuis le merveilleux chef-d'œuvre de Rembrandt jusqu'à l'étiquette illustrée, ou le modèle de papier peint. Toutes les écoles d'Europe y sont représentées, tous les artistes, même les plus humbles, y ont leur dossier. On pourrait dire aussi que les hommes les plus célèbres y sont venus, que pas un livre sur les arts n'a pu s'écrire sans une station obligée devant nos reliques. Peut-être oserait-on assurer que ce sont les Français qui les connaissent le moins, comme Louis XVI, qui n'y vint que sur l'avis de son beau-frère d'Autriche, Joseph II. C'est même à propos de cette visite que fut constituée notre *Réserve,* ce salon carré idéal du Département des Estampes, où l'on a logé un peu arbitrairement les pièces rares. On en avait mis un certain nombre de côté en prévision de la visite du Roi, et on les garda depuis en un lieu à part.

Une échéance fatale se prépare pour le Cabinet des Estampes ; il en est, en 1906, exactement au point où il se trouvait, dans les dépendances de l'hôtel Colbert, aux environs de 1720. Il ne contient plus ses livres ! Avant dix ans, tous les expédients ayant été tentés, les entrées nouvelles n'auront plus rayon où se mettre. On se trouvera acculé à une de ces installations de hasard, dont nos collections ont tant souffert depuis deux siècles, et dont le public a toute raison de se plaindre. Une dislocation fatale s'imposera, un divorce redoutable dont toute la Bibliothèque aurait grandement à souffrir. On s'apercevra trop vite hélas ! que les Jérémies de la section avaient raison de pousser un cri d'alarme, et de regretter l'indifférence des pouvoirs publics. N'a-t-on pas insinué en haut lieu que le Cabinet des Estampes, étant un Département de luxe, devait se contenter de son état ? Un endroit de luxe ! le dépôt fournissant aux lecteurs bon an mal an 60 000 volumes, dont les moindres sont in-folio, qui reçoit une majorité d'ouvriers d'art, de praticiens en tous genres, d'artistes, d'humbles travailleurs, dans la proportion de cent pour dix flâneurs inoccupés ou simples curieux !

IV

ÉTAT ACTUEL

Suivant que nous l'avons dit déjà, le Cabinet des Estampes s'enrichit par les dons, les acquisitions et le dépôt légal. Cette dernière prescription a subi des fluctuations singulières depuis l'arrêt du Conseil de 1689 ; une loi du 19 juillet 1793 en consacrait le principe et le dépôt se faisait directement au Cabinet des Estampes, qui donnait un récépissé. C'est aujourd'hui le ministère de l'Intérieur qui est chargé de ce service spécial, dont les résultats sont loin d'être satisfaisants.

Le chapitre des acquisitions est des plus modestes. Sur un budget de 27 000 francs environ, le Département doit pourvoir aux achats de papier, de reliures, et à celui des pièces rares qui lui manquent. Au prix où se tiennent aujourd'hui ces précieux objets — certains atteignent 10, 15, 20, et même 50 000 francs — la conservation serait fort gênée, si par bonheur la plupart de ces œuvres chères ne nous avaient été remises par des dons, ou des acquisitions faites antérieurement.

Les dons sont la vraie source d'enrichissement de notre dépôt national ; le conservateur doit savoir les provoquer, les préparer et les faire valoir. Le Cabinet a pour lui la pérennité, il est patient parce qu'éternel. Certaines œuvres indispensables ont mis deux cents ans à nous arriver, mais elles ont fini par venir dans un don, alors que les goûts ayant changé, leur valeur vénale s'était diminuée. Quelques acquisitions faites ces dernières années sont de véritables dons dissimulés sous le nom de cession. On pourrait citer dans le genre la collection des 1 800 volumes japonais provenant de M. Duret, la collection de 1 800 épreuves modernes d'après les maîtres contemporains obtenues de M. Ardail, imprimeur en taille-douce[1].

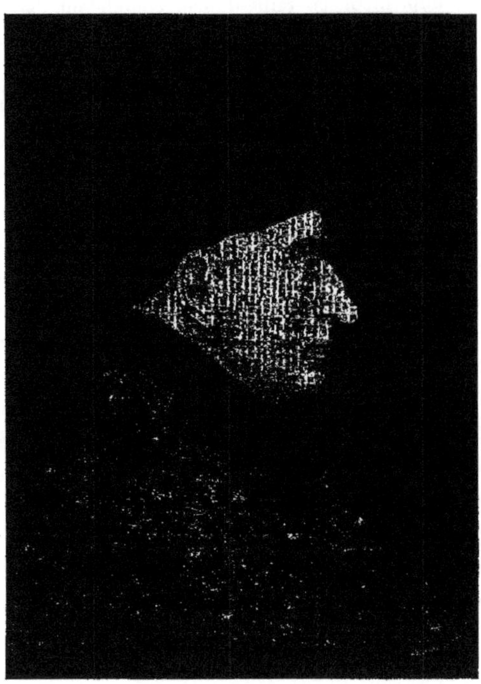

Louis II d'Anjou, roi de Naples et de Sicile.
Aquarelle exposée au Département des Estampes.

Comme dons purs, nous pourrions citer l'œuvre de Bracquemond, remis par le maître lui-même, l'œuvre de Fantin-Latour offert par

1. Henri Bouchot, décédé subitement le 10 octobre 1906, n'a pas vu les épreuves de ce livre. C'est lui rendre un juste hommage de répéter ici que les libéralités dont il parle ont été souvent l'expression des sympathies que sa cordialité et sa bienveillance constantes ont attirées au Cabinet des Estampes. F. C.

sa veuve, les dons de Paul Renouard (environ 3 000 pièces) ; la collection de portraits de Victor Hugo que nous a envoyée M. Paul Meurice ; un don de plus de mille épreuves, états, remarques, par M. Porcabeuf, imprimeur en taille-douce, complétant l'acquisition faite à M. Ardail ; et cependant M. Porcabeuf avait effectué le dépôt obligé de ces pièces, mais en conditions ordinaires. M. Alfred Beurdeley, enchérissant sur ces générosités, nous offrait l'œuvre gravé du peintre suédois Zorn, dont les épreuves sont aujourd'hui sans prix et dont le Cabinet ne possédait que de très médiocres exemplaires. On ne parle pas des quelques milliers d'œuvres remises isolément et qui complètent nos recueils ; les dessins, les gravures ou les photographies donnés sans relâche, et qui forment, pour ces dix dernières années, un total formidable de cent mille pièces au moins, en ne comptant pas les acquisitions qui doubleraient le chiffre. Tout récemment encore, le Comité de l'Exposition des Primitifs français déposait au Département divers recueils acquis sur ses reliquats de bénéfices : un cahier de Demarteau, un agenda du graveur en médailles Dupré, un dessin de David représentant la tête de de Launay au bout d'une fourche.

Cette exposition a d'ailleurs valu au Cabinet un don de photographies considérable, qui a servi à créer la section nouvelle de la peinture française dans ses débuts, et formera la matière de plus de vingt recueils grand in-folio.

Des catalogues alphabétiques et méthodiques sont à la disposition du public depuis 1898 ; d'autres ont été publiés, et permettent de s'orienter dans les recherches. Les communications sont rapides ; il ne manque au Département des Estampes que de la lumière et de l'espace pour être le dépôt type, le Cabinet modèle.

Médaillier Louis XV.
(Grande Galerie du Cabinet des Médailles.)

LE DÉPARTEMENT DES MÉDAILLES ET ANTIQUES

DE LA BIBLIOTHÈQUE NATIONALE
(CABINET DES MÉDAILLES)

I

RÉSUMÉ HISTORIQUE

Les collections numismatiques, archéologiques et artistiques qui composent le *Département des Médailles et Antiques de la Bibliothèque Nationale* ont, dans le détail, les origines les plus diverses. Mais dans l'ensemble, le fonds le plus ancien qui constituait le *Cabinet du Roi*, comme on l'appelait autrefois, fut formé sous l'ancien Régime, par les rois de France, pour leur instruction, leur agrément personnel, ou l'ornement des résidences royales, à la manière des collections recueillies de nos jours par les amateurs d'objets d'art ancien. Voilà pourquoi le *Cabinet des Médailles*, — nom qu'on lui donne dans le langage courant, — renferme tant de souvenirs royaux, des objets de nature si diverse et peut être regardé comme le plus ancien et le plus aristocratique musée qui soit au monde.

Outre les monnaies et médailles de l'antiquité, du moyen âge et des temps modernes qui en forment la base essentielle, il contient la collection nationale des camées et des intailles, c'est-à-dire des gemmes gravées en relief ou en creux. Médailles, monnaies et gemmes gravées sont, aujourd'hui, la véritable raison d'être de cet établissement, au point de vue scientifique et administratif; sous ces deux aspects de l'art de la *glyptique*, il ne fait double emploi avec aucun autre musée en France; ajoutons que pour plusieurs de ses séries de gemmes et de monnaies, il est incomparablement supérieur aux collections similaires de l'étranger. Le Cabinet des Médailles renferme, en outre, — accessoirement et pour des raisons multiples, telles que le respect d'anciens fonds historiques ou la volonté exprimée par de généreux donateurs, — des antiquités et objets d'art de toute nature et se rapportant à toutes les périodes de l'histoire depuis les temps pharaoniques et chaldéens jusqu'au XVIIIe siècle : ces antiquités diverses sont une parure admirablement appropriée aux médailliers, et, en même temps, le cadre scientifique et justifié des médailles et des monnaies, des camées et des intailles.

On y remarque les plus anciens monuments de la monarchie française, comme les armes et les bijoux du tombeau de Childéric Ier et le trône du roi Dagobert. Le souvenir de Charlemagne, de Louis le Débonnaire, de Charles le Chauve, de Suger, de saint Louis, de Charles V, des empereurs d'Orient et des Croisades, est attaché authentiquement ou par une tradition digne de respect, à un certain

La grande Galerie du Cabinet des Médailles.

nombre d'objets aussi précieux par la matière et le caractère artistique, que par ces souvenirs eux-mêmes ou encore par les naïves légendes dont le moyen âge leur a fait comme une auréole protectrice.

La collection royale, vers la fin du XIVe siècle, riche surtout en joyaux d'or et d'argent, objets d'orfèvrerie et d'émaillerie, « camaïeux » et bagues gemmées, curiosités de tout ordre, ainsi que nous l'apprend l'*Inventaire* du roi Charles V, fut presque totalement dispersée dans la dernière période de la guerre de Cent ans. Mais, à la Renaissance, le goût de collectionner se propagea de nouveau dans le monde éclairé. François Ier rassemble des médailles et des camées ; il en fait graver, à l'imitation des antiques, par des maîtres tels que Matteo dal Nassaro et Benvenuto Cellini. On commence à envoyer des voyageurs dans le Levant, comme Jérôme Fondulfe, Pierre Gilles, Guillaume Postel, Just Tenelle, Pierre Belon, qui rapportent au Roi des manuscrits, des marbres et des bronzes, des gemmes et des médailles, en même temps que des échantillons d'histoire naturelle et d'ethnographie. Les princes et les grands seigneurs du XVIe siècle font composer par les savants les premiers recueils illustrés d'iconographie numismatique. Hubert Goltz (*Goltzius*) entreprenant, vers 1557, de publier les ouvrages numismatiques qui ont rendu son nom célèbre, visite en Hollande 200 Cabinets de Médailles, 175 en Allemagne, plus de 380 en Italie, et plus de 200 en France dont 28 à Paris. Il signale le Cabinet du roi Henri II comme l'un des plus importants qui existent. Accrue encore par Catherine de Médicis, puis par Charles IX, la suite des gemmes gravées et des médailles du Roi fut malheureusement pillée durant les guerres de Religion de la fin du XVIe siècle. Tout était à recommencer sous Henri IV. Ce prince, ayant rassemblé dans son palais de Fontainebleau ce qu'il put ressaisir des débris de l'ancienne collection royale, nomma en 1602 Rascas de Bagarris, garde de son Cabinet de Médailles, gemmes gravées, antiquités et curiosités, avec la mission de proposer tous ces objets comme modèles aux artistes, et comme sujets d'étude aux humanistes et aux historiens.

Depuis cette époque, la collection royale eut l'heureuse fortune de n'être plus jamais dispersée ou démembrée. Aussi, d'année en année, à partir de 1602, elle s'est incessamment développée par des acquisitions, des dons et legs souvent répétés. Telle fut, sous Henri IV, l'achat des collections de Curion et de Du Périer; après une période de délaissement sous Louis XIII, vint en 1660 le legs de Gaston, duc d'Orléans. Antiquaire passionné, comme Peiresc son contemporain, Gaston avait réuni en son château de Blois et aussi en son palais du Luxembourg, une incomparable collection de gemmes gravées et d'antiques, de coquilles et de singularités exotiques, qu'il légua à Louis XIV, son neveu. Puis, ce fut Hippolyte de Béthune, neveu de Sully, qui, refusant les cent mille écus que lui offrait la reine de Suède pour sa collection de manuscrits, livres et antiquités, la donna au roi de France.

Des missionnaires envoyés dans le Levant, Paul Lucas et Jean Vaillant, des ambassadeurs comme le marquis de Nointel, rapportèrent d'Orient de belles suites de médailles, des gemmes gravées, des bronzes, des marbres. Le Roi acheta les Cabinets de Loménie, comte de Brienne et de Toussaint Lauthier, apothicaire d'Aix, auquel était échu une partie des collections de Peiresc; le président Achille de Harlay, l'Électeur de Mayence, François de Camps se dessaisirent en faveur du Cabinet royal, de médailles, de gemmes et d'autres précieux objets. Vers le même temps, sur l'ordre du Roi, en 1684, le Cabinet fut installé au palais de Versailles; Jean Vaillant fut chargé de décrire les médailles et André Morell d'en exécuter les dessins. On demanda aux plus habiles orfèvres, tels que Josias Belle, de sertir les camées dans de somptueuses montures émaillées; les événements du grand règne furent, année par année, immortalisés par la frappe de médailles auxquelles collaborèrent les plus habiles dessinateurs et graveurs et les savants de l'Académie des Inscriptions. On commença l'exécution, continuée sous Louis XV, de médailliers d'une fastueuse élégance destinés à contenir ces richesses numismatiques ; les médailles elles-mêmes furent rangées sur des tablettes en maroquin fleurdelisé et doré avec alvéoles garnies de velours vert ; on alla jusqu'à fabriquer des spatules en or avec lesquelles Louis XIV

Joseph Pellerin (1684-1782.)
Gravé par Aug. de Saint-Aubin en 1781.

retirait les médailles de leurs alvéoles quand, au sortir de la messe, il lui plaisait de passer une heure au milieu de ses collections, « témoignant, dit un historien, qu'il en avait d'autant plus de satisfaction qu'il y trouvait toujours quelque chose à apprendre. »

Les sombres jours de la fin du règne ralentirent le développement du Cabinet royal. Pourtant, les encouragements aux artistes et l'exécution des médailles commémoratives des événements contemporains ne furent pas interrompus. Des acquisitions importantes furent faites aussi sous Louis XV, bien que le Cabinet fût ramené de Versailles à la Bibliothèque du Roi, à Paris. En 1727, on acheta pour 40 000 livres la collection d'antiquités que Mahudel tenait de l'inten-

Le comte de Caylus (1692-1765.)
Médaillon par Vassé d'après un plâtre moulé sur nature.

dant Nicolas Foucault; Fourmont, Peyssonnel et d'autres voyageurs rapportèrent au Roi des séries importantes de manuscrits et d'antiquités; Mme de Pompadour qui s'était constituée la protectrice de Jacques Guay, le plus grand graveur sur pierres fines des temps modernes, légua au Roi, en 1764, l'admirable série de camées et d'intailles que ce grand artiste avait exécutés pour elle. En 1776, le

Cabinet du Roi s'accrut, moyennant la somme de 300 000 livres, des 32 000 médailles grecques qui composaient le médaillier célèbre du commis de la marine, Joseph Pellerin; dix ans auparavant, le comte de Caylus était mort, léguant au Roi toutes ses antiquités égyptiennes, grecques et romaines.

L'abbé J.-J. Barthélemy (1716-1795.)
Buste en marbre, par Houdon.

Deux hommes savants et zélés, qui se succédèrent alors comme gardes du Cabinet du Roi, Gros de Boze et l'abbé J.-J. Barthélemy, l'auteur du *Voyage d'Anacharsis*, ne cessèrent d'accroître la collection confiée à leurs soins, par l'acquisition de séries numismatiques telles que les médailliers du maréchal d'Estrée, de l'abbé de Rothelin, de Cary, de M. de Clèves, de Du Hodent; en 1787, ce fut une première collection de médailles grecques formée par Cousinéry, consul de France à Salonique; en 1788, ce fut le Cabinet de Michelet d'Ennery; en 1791, celui de l'abbé Campion de Tersan et aussi les médaillons et médailles d'or qui avaient été trouvés à Helleville (Manche) en 1780.

Le duc de Luynes (1802-1867.)
Gravé par Le Rat.

De 1791 à 1794, les confiscations révolutionnaires contribuèrent à augmenter considérablement les richesses accumulées par les siècles dans le Cabinet du Roi. Mais par cette nouvelle voie arrivèrent surtout des épaves des trésors d'églises, des débris de reliquaires et d'objets du culte; en fait de médailles, il n'y a guère à mentionner que le médaillier du duc Louis d'Orléans, le petit-fils du Régent, qui était à Sainte-Geneviève, et « deux cent huit médailles d'argent, dont une dorée », qui appartenaient au ci-devant prince Stanislas-Xavier (Louis XVIII).

Dans le cours du XIXe siècle, notons : en 1804, l'acquisition de 182 monnaies mérovingiennes trouvées à Bordeaux ; en 1808, une suite de médailles d'or romaines, des bijoux et des colliers d'or trouvés à Naix (Nasium), près Commercy ; vers la même époque, des antiquités et des médailles trouvées à Bavay ; en 1821, la deuxième collection de médailles grecques formée par Cousinéry ; peu après, ce sont des médailles grecques de E. de Cadalvène, de Millingen, de Allier de Hauteroche ; les médailles musulmanes de Gayengos, les médailles bactriennes du général Allard ; les médailles grecques et romaines de Charles Rollin, du général Guilleminot et une partie de la collection laissée par le comte de Wiczay au château d'Hederwar en Hongrie. Quelle fatalité que ce grand mouvement d'expansion, qui avait fait du Cabinet du Roi un musée incomparable au monde, se soit trouvé brusquement suspendu un instant par le grand vol de 1831 ! On sait que plus de 2000 médaillons et médailles d'or furent jetés au creuset par les criminels. La science porte encore le deuil de cette irréparable catastrophe.

Depuis 1850 jusqu'à présent, outre les acquisitions quotidiennes de détail, le Cabinet des Médailles a pu, tant avec son budget annuel que grâce à des libéralités exceptionnelles de l'État, acheter en bloc une partie des monnaies féodales françaises de Jean Rousseau ; les monnaies chinoises du consul Fontanier ; les monnaies et médailles américaines de Wattemare ; les monnaies gauloises de F. de Saulcy ; les monnaies mérovingiennes de Ponton d'Amécourt ; les monnaies grecques d'Asie Mineure de Waddington ; les monnaies musulmanes de N. Siouffi ; les monnaies japonaises de M. de Villaret, les médaillons d'or trouvés à Velp (Gueldre) vers 1715, les plus beaux des médaillons de bronze de Tyszkiewicz. Il a reçu en don de l'empereur Napoléon III les merveilleux médaillons d'or du trésor de Tarse et la collection musulmane de Saïd-Pacha; du baron J. de Witte, une suite des monnaies des empereurs romains des Gaules au IIIe siècle; de Jules Rouyer, une importante collection de jetons français; de M. Carlos de Beistegui, la suite de monnaies d'Alsace formée par Henry Meyer; de L. Maxe-Werly, une grande série de médailles religieuses. Parmi les autres donateurs, nous citerons Prosper Dupré, le duc de Blacas, A. Morel-Fatio, Edmond Le Blant, Alfred Armand, G. Crignon de Montigny, la baronne James de Rothschild, et tout récemment, en 1906, Ch. de l'Ecluse et Ch. de Torcy. Une place d'honneur doit être faite dans cette rapide énumération, au duc de Luynes (1862), au vicomte Hippolyte de Janzé (1865), au baron Philippe d'Ailly (1877), à Oppermann (1874) et à M. Pauvert de La Chapelle (1899). Leurs collections de médailles, de gemmes ou d'antiques, particulièrement importantes, forment au Cabinet des Médailles, par suite de clauses spéciales, des fonds distincts et immuables. Quant aux séries constituées avec l'ancien cabinet royal elles continuent à s'accroître chaque année à l'aide du budget de la Bibliothèque Nationale voté par les Chambres, et aussi par le dépôt légal des médailles et plaquettes frappées à l'Hôtel des Monnaies. Il est regrettable, disons-le en passant, que les médailles et plaquettes *coulées* que commande l'État, ainsi que les camées et les intailles qu'il fait encore parfois graver par les artistes contemporains, ne viennent pas compléter ces envois du dépôt légal, ordonné par la loi seulement pour les médailles *frappées* à la Monnaie.

II

LES SÉRIES DE MONNAIES ET MÉDAILLES

Nous venons d'indiquer comment se sont formées et s'accroissent aujourd'hui les suites de monnaies et médailles renfermées dans le médaillier national. Le tableau statistique qui suit nous dispense, d'autre part, d'insister sur la richesse de chaque série, ainsi que sur la méthode de classement adoptée pour rendre les recherches sûres et rapides. Nous n'appuyerons pas, non plus, sur l'importance historique et artistique de ces monnaies à types indéfiniment variés, qui souvent sont à fleur de coin, c'est-à-dire ont conservé toute la fraîcheur et la saveur de leur création, à la différence des autres reliques du passé, monuments d'architecture, de sculpture ou de peinture qui ne sont plus sous nos yeux, trop souvent, que des cadavres défigurés et mutilés par l'impitoyable main des siècles.

Il y a naturellement deux grandes séries numismatiques : 1° celle de l'antiquité ; 2° celle du moyen âge et des temps modernes.

Suivant le principe préconisé par J.-J. Barthélemy, les monnaies antiques sont classées dans l'ordre géographique, en commençant, avec Strabon, par l'Espagne, la Gaule et l'Italie, pour continuer par la Grèce d'Europe, l'Asie Mineure, l'Asie sémitique et terminer par l'Égypte, la Cyrénaïque, Carthage, enfin la Maurétanie Tingitane.

Dans chaque ville, les médailles sont rangées, sauf exceptions motivées, dans l'ordre chronologique, de manière à présenter comme en un tableau les développements successifs de l'art et l'évolution graduelle des types monétaires, depuis les origines jusqu'à la fermeture de l'atelier. Les vicissitudes de l'histoire politique et économique de chaque ville ont aussi guidé dans cet arrangement qu'on s'est efforcé de rendre rigoureusement scientifique. Pour les monnaies royales, elles sont distribuées par dynasties, suivant la succession des règnes.

Nos planches I et II contiennent un petit choix de monnaies grecques susceptibles de donner un aperçu de l'art monétaire des diverses parties du monde hellénique. En voici une description sommaire :

Pl. I. — Monnaies grecques.

Planche I

1re ligne. — Tetradrachme d'Athènes du temps des Pisistratides, vers 514. — Tétradrachme d'Athènes contemporain de la bataille de Marathon en 490.

2e ligne. — Statère d'argent des Orreskiens (tribu thraco-macédonienne de la vallée du Strymon), antérieur à l'invasion de Xerxès en 480. — Statère des Amphictions à Delphes vers 346, à l'effigie de la Déméter d'Anthéla et au revers d'Apollon assis sur l'omphalos delphique.

3e ligne. — Tétradrachme d'Amphipolis, vers 400. — Tétradrachme de Clazomène, vers 387, signé du nom du graveur Théodote.

4e ligne. — Statère d'or de Clazomène de la même époque. — Statère d'or de Panticapée, vers 350, aux types de la tête de Pan et du griffon. — Statère d'or de Philippe II, roi de Macédoine (359-336 av. J.-C.).

5e ligne. — Double statère d'or d'Alexandre le Grand (336-323). — Tétradrachme de Demetrius Poliorcète (306-283) ; au revers, le type de la Victoire de Samothrace.

6e ligne. — Tétradrachme d'Antigone Gonatas (277-339). — Tétradrachme de Persée, le dernier roi de Macédoine (178-168 av. J.-C.).

Planche II

1re ligne. — Statère d'argent de Tarente (vers 400). — Statère d'or de Tarente (vers 400).

2e ligne. — Tête de Héra sur un statère d'argent de Crotone. — Niké à la fontaine, revers d'un statère d'argent de Térina. — Double statère d'argent de Thurium, vers 390.

3e ligne. — Décadrachme de Syracuse, vers 479 (le Démarétion).

4e ligne. — Tétradrachmes de Syracuse.

Pl. II. — Monnaies grecques de l'Italie méridionale et de la Sicile.

5e et 6e lignes. — Trois décadrachmes de Syracuse, ayant leurs revers au-dessous de la face : les deux premières pièces sont signées du graveur Cimon (vers 400 av. J.-C.), la troisième est signée du graveur Evainète (également vers 400 av. J.-C.).

Planche III

Sur cette planche, nous avons reproduit les principaux des médaillons du *Trésor de Tarse* qui fut acquis par Napoléon III en 1869 et donné par lui au Cabinet des Médailles. Ce sont de splendides pièces d'or frappées en Orient sous l'empire romain en l'honneur de Philippe de Macédoine et de son fils Alexandre le Grand dont elles reproduisent les effigies idéalisées et conventionnelles.

La nécessité de rendre les recherches faciles et rapides a fait adopter pour le rangement des monnaies de l'Empire romain un ordre plus empirique. On en forme, suivant le métal, trois grandes séries : l'or, l'argent et le bronze. Pour le bronze, la différence de module des pièces force à les subdiviser en quatre suites : les *médaillons,* puis les *grands bronzes,* les *moyens bronzes* et les *petits bronzes.* Enfin, dans chacune de ces catégories, les pièces sont par règne et, dans chaque règne, suivant l'ordre alphabétique des légendes du revers. Il est évident que le seul ordre scientifiquement admissible serait le classement rigoureusement chronologique, en mélangeant les trois métaux et tous les modules. Mais un tel système n'est pas réalisable dans la pratique ; il risquerait d'être arbitraire dans bien des cas, de rendre les recherches compliquées et peu sûres et de se heurter même à des difficultés matérielles occasionnées par la grande différence des modules. Des nécessités de même ordre obligent aussi à laisser classées aux villes dont elles portent les noms, les monnaies des colonies latines de l'Empire romain ou celles des

Pl. III. — Médaillons d'or du Trésor de Tarse. Réduction de 1/20e.
(Philippe et Alexandre).

villes grecques qui ont continué jusqu'au IIIe siècle à frapper monnaie aux effigies impériales.

Planche IV

Le choix de monnaies romaines que nous reproduisons sur cette planche correspond à la désignation suivante :

1re ligne. — *Aureus* de Sylla ; au revers on voit Sylla à cheval, étendant la main en pacificateur. — *Aureus* d'Auguste ; au revers, l'une des vaches du sculpteur grec Myron.

2e ligne. — Grand bronze de Trajan ; au revers, une vue à vol d'oiseau du *Circus maximus.* — Revers d'un grand bronze d'Hadrien représentant un navire avec tous ses appareaux.

3e ligne. — Médaillon de bronze de Marc-Aurèle, représentant Hercule dans un char traîné par quatre Centaures qui ont les attributs des quatre saisons.

4e et 5e lignes. — Médaillon de bronze de Marc-Aurèle ; au revers (placé au-dessous du médaillon), Argus achevant le navire Argo, en présence de Minerve. — Médaillon de bronze de Lucius Verus ; au revers, la Victoire érigeant un trophée d'armes orientales. — Médaillon de bronze de Commode ; au revers, l'empereur haranguant les légionnaires.

I. — Monnaies antiques des rois, des villes et des peuples

DÉSIGNATION	FONDS COMMUN	COLLECTION DE LUYNES	TOTAUX
Espagne	1 366	384	1 750
Gaule	9 075	1 465	10 540
Etrurie et Italie centrale	133	16	149
Samnium, Campanie, Apulie	460	229	689
Calabre, Lucanie, Bruttium	1 174	600	1 774
Sicile et îles voisines	1 530	664	2 194
Sarmatie et Chersonnèse taurique	165	10	175
Provinces danubiennes	598	7	605

PL. IV. — Monnaies romaines.

Thrace	1 280	10	1 290
Chersonnèse de Thrace	635	11	646
Pæonie	43	3	46
Macédoine (villes)	1 445	81	1 526
Macédoine (rois)	1 560	135	1 695
Thessalie	413	57	470
Illyrie	305	7	312
Epire	308	27	335
Corcyre	335	6	341
Acarnanie	196	24	220
Ætolie	59	7	66
Locride	56	9	65
Phocide	85	14	99
Béotie	290	43	333
Attique	767	123	890
Corinthe et colonies corinthiennes	1 489	91	1 580
Elide	174	46	220
Messénie	95	4	99
Laconie	146	4	150
Argolide	234	16	250
Arcadie	190	16	206
Crète	556	39	595
Eubée	199	16	215
Petites îles de la mer Egée	450	15	465
Bosphore cimmérien et Colchide	48	2	50
Pont	412	5	417
Rois de Pont et du Bosphore	326	9	335
Paphlagonie	315	9	324
Bithynie	1 605	15	1 620
Mysie	1 888	32	1 920
Troade	781	14	795
Æolide	811	34	845
Cistophores et médaillons grecs	675	11	686
Ionie	3 301	99	3 400
Carie	1 866	39	1 905
Lycie (villes)	545	10	555
Pamphylie	756	16	772
Pisidie	880	1	881
Isaurie	34	»	34
Lycaonie	90	»	90
Lydie	1 570	6	1 576
Phrygie	2 120	4	2 124
Galatie	290	9	299
Cappadoce	610	2	612
Cilicie	1 500	82	1 582
Créséides et monnaies d'électrum	453	7	460

Perses Achéménides	118	20	138
Satrapes et dynastes de l'Empire perse	323	137	460
Chypre	154	95	249
Phénicie	1 144	214	1 358
Rois de Syrie et d'Arménie	1 294	178	1 472
Commagène, Cyrrhestique, Chalcidène	390	9	399
Mésopotamie	370	10	380
Seleucie, Piérie, Palmyrène	1 326	13	1 339
Cœlésyrie, Trachonitide, Décapole	344	1	345
Galilée et Samarie	225	10	235
Judée	408	17	425
Nabatène et Arabie	100	12	112
Parthes Arsacides	493	7	500
Parthes Sassanides	935	15	950
Susiane et Characène	255	39	294
Bactriane	298	»	298
Rois Indo-Scythes	154	»	154
Egypte	4 095	95	4 190
Rois d'Ethiopie (Axumites)	4	»	4
Cyrénaïque	320	45	365
Carthage, Numidie, Maurétanie	738	427	1 165
TOTAL	60 175	5 929	66 104

II. — MONNAIES ROMAINES ET BYZANTINES

République romaine.	Fonds commun	3 584
	Coll. de Luynes (trouvaille d'Arbanats)	959
	Coll. d'Ailly	17 527
	TOTAL	22 070
Empire romain.	Médaillons d'or	60
	Médaillons d'argent	359
	Médaillons de bronze	862
	Monnaies d'or	2 925
	Monnaies d'argent	6 925
	Grands bronzes	3 814
	Moyens bronzes	5 455
	Petits bronzes	7 000
	TOTAL	27 400
Empire byzantin.	Or	999
	Argent	171
	Bronze	340
Empire de Nicée et de Trébizonde		40
	TOTAL	1 550

III. — Monuments monétiformes antiques

Médaillons contorniates	252
Tessères monétiformes en bronze	195
Poids monétaires (*exagia solidi*)	41
Poids grecs en plomb et en bronze	75
Poids byzantins	30
Plombs antiques et byzantins monétiformes	1 205
Total	1 798

IV. — Monnaies médiévales et modernes

Dans l'antiquité grecque et romaine, la monnaie remplit le plus souvent à la fois le rôle de monnaie proprement dite et de médaille historique et commémorative. Il n'y a guère d'exception que pour les monnaies à types banaux et constamment répétés qui ne paraissent pas avoir joué un rôle commémoratif, ou bien, d'autre part, pour les médaillons contorniates, les tessères et quelques autres monuments monétiformes qui, au contraire, n'ont jamais été investis de l'office de monnaie. Ainsi, les pièces que nous appelons, en général, du nom de *médaillons*, dans les séries grecques et romaines, quel qu'en soit le module ou le métal, ne sont que des multiples de la monnaie : elles en ont l'aspect, les légendes et les types. Ce sont des monnaies-médailles, frappées en petit nombre, dans des circonstances exceptionnelles dont elles rappellent le souvenir d'une manière plus imposante que les pièces plus petites et plus communes. Il n'y a donc pas lieu, pour l'antiquité, de constituer deux séries distinctes, l'une de médailles commémoratives, l'autre de monnaies.

Il en est tout autrement pour le moyen âge et pour les temps modernes : en général, la médaille commémorative est nettement distincte de la monnaie. De là, dans les médailliers, deux groupes étrangers l'un à l'autre.

Pl. V. — Monnaies et Médailles du moyen âge et de la Renaissance.

Planche V

On voit sur cette planche quatre monnaies médiévales et deux médailles de la Renaissance, à titre d'échantillons :

Au milieu. — Médaille de bronze de Lionel d'Este, par le Pisanello (face et revers).

Sur les côtés, à gauche. — Denier d'argent de Charlemagne : CAROLVS IMP AVG. Buste impérial lauré et drapé à droite. — R. + XPICTIANA RELIGIO. Temple à quatre colonnes, avec une croisette au centre.

Au-dessous. — L'écu d'or de saint Louis (1226-1270).

A droite. — L'*Augustale* d'or de l'empereur Frédéric II Barberousse (1198-1250) ; la légende, autour du buste impérial, est : *Cesar aug(ustus) imp(erator) Rom(anorum)*, face et revers. — L'agnel d'or de Philippe V le Long (1316-1322), face et revers.

En bas. — Médaille d'or de Louis XII (face et revers), exécutée par Michel Colombe et Jean Chapillon ; offerte par la ville de Tours au roi Louis XII en 1501.

Ainsi qu'on s'en rendra compte par la nomenclature qui suit, les séries de *monnaies médiévales et modernes* sont rangées par pays et nationalités, depuis les origines jusqu'à la disparition de ces nationalités ou, s'il y a lieu, jusqu'à l'époque contemporaine.

Bourguignons et autres barbares d'Occident		135
France.	Mérovingiens	2 977
—	Carolingiens	1 150
—	Capétiens	3 597
—	Révolution et Premier Empire	369
—	De la Restauration à la troisième République	444
—	Monnaies seigneuriales françaises	4 197
Italie.	Monnaies des papes et république romaine	815
—	Monnaies féodales	1 802
—	Naples et Deux-Siciles	452
—	Savoie, Piémont, Royaume d'Italie	321
Monnaies des Princes croisés et de l'Ordre de Malte		576

Royaume de Petite Arménie	91
Bulgarie, Serbie, Moldavie, Roumanie, Grèce	92
Espagne	1 199
Portugal	167
Empire d'Occident (moyen âge)	375
Hongrie	207
Empire d'Autriche (Habsbourg)	33
Electeurs du Rhin	351
Ordre teutonique	19
Brandebourg et royaume de Prusse	233
Nouvel Empire allemand	16
Saxe	265
Bavière	128
Brunswick	208
Wurtemberg	54
Westphalie	45
Principautés et villes d'Allemagne	1 300
Suisse	1 635
Flandres	544
Hollande	431
Royaume de Belgique	29
Luxembourg	57
Angleterre, Irlande, Ecosse	980
Pologne	119
Russie	1 176
Géorgie	240
Danemark	260
Suède et Norwège	580
Monnaies bractéates d'Allemagne	260
Monnaies obsidionales	303
Etats-Unis d'Amérique	294
Canada	39
Mexique	79
Haïti	32
Brésil	79
Autres États de l'Amérique et colonies européennes	160
Total	24 845

V. — Monnaies musulmanes

Khalifes orientaux	2 050
Espagne, Afrique, Ommeyades	371
Hammoudites	904
Égypte. Toulounides	71
— Fatimites	415

Égypte. Ayoubites	252
— Mamlouks	474
Féodalité orientale	584
Seldjoucides	393
Zenguides	297
Ortokides	550
Mongols	638
Horde d'Or	261
Osmanlis	1 261
Khans de Crimée	219
Perse	256
Monnaies musulmanes en verre	216
Monnaies musulmanes diverses de grand module	121
Monnaies musulmanes indéterminées	269
Inde et dépendances	563
TOTAL	10 165

VI. — MONNAIES DE L'EXTRÊME-ORIENT

Japon	579
Chine	1 442
Siam	48
Cambodge	5
Birmanie	11
Annam	127
Laos	11
Colonies européennes	100
Océanie	114
TOTAL	2 437

VII. — MÉDAILLES ARTISTIQUES ET ICONOGRAPHIQUES

France. Médailles des rois	3 225
— Princes français	294
— Révolution et Premier Empire	632
— Série spéciale de 1848	420
— Apocryphes de la Commune de Paris	181
— Villes diverses de France	28
— Portraits de Français	2 081
— Envois du Dépôt légal	13 800
Portraits des princes et médailles historiques des pays étrangers	3 450
Portraits de personnages de l'étranger (autres que les princes)	2 051

Médailles papales	1 453
Médailles apocryphes et de restitution	650
Médailles des Padouans et autres imitateurs	200
Médailles religieuses (donation Maxe-Werly)	2 353
Médailles de mariage	53
Médailles cabalistiques, satyriques, maçonniques	180
Total	31 051

VIII. — Jetons français

Rois et reines de France	2 334
Princes et princesses de France	450
Artillerie	151
Amirauté	288
Chancellerie et conseil royal	324
Administrations royales diverses	1 854
Paris. Cité	86
— Prévots des marchands	220
— Echevins	72
— Services divers	407
— Corps de métiers	102
— Jetons divers (francs-maçons, etc.)	31
Provinces et villes de France	1 676
Jetons des familles françaises	1 660
Collection léguée par Jules Rouyer	4 888
Total des jetons français	14 543

IX. — Jetons étrangers

Flandre et Pays-Bas	1 200
Espagne	109
Portugal	2
Allemagne	66
Suède	40
Danemark	2
Ecosse	9
Angleterre	103
Italie	367
Tokens anglais	129
Jetons de Nuremberg	525
Jetons de compte	208
Méreaux	297
Total des jetons étrangers	3 057

X. — Monuments monétiformes et autres

Coins monétaires de l'antiquité	11
Matrices de sceaux	293
Plombs et bulles du moyen âge	204
Coins gravés par les Padouans	104
Coins divers (modernes) et poinçons	59
Poids monétaires français du moyen âge	780
Poids monétaires étrangers	475
Poids du commerce des villes du midi de la France	108
Poids d'Espagne	8
Pions de bois, gravés en médailles	34
Total	2 076

Récapitulation générale.

I.	Monnaies antiques des rois, des peuples et des villes	66 104
II.	Monnaies romaines et byzantines	51 020
III.	Monuments monétiformes antiques	1 798
IV.	Monnaies médiévales et modernes	24 845
V.	Monnaies musulmanes	10 165
VI.	Monnaies de l'Extrême-Orient	2 437
VII.	Médailles artistiques et iconographiques	31 051
VIII.	Jetons français	14 543
IX.	Jetons étrangers	3 057
X.	Monuments monétiformes (modernes) et autres	2 076
	Total général	207 096

III

LES CAMÉES ET LES INTAILLES

Le Cabinet des Médailles possède 1 070 camées, dont 21 dans la collection de Luynes et 1 dans la collection Pauvert de la Chapelle. Ils forment deux séries : les camées antiques, au nombre de 400, et les camées modernes, environ 670.

Les *camées antiques* sont classés d'après les sujets qu'ils reproduisent : sujets mythologiques et iconographiques grecs et romains ; camées byzantins ; camées orientaux.

Les *camées modernes*, dont les plus anciens remontent au moyen âge sont, les uns, des sujets religieux, mythologiques, allégoriques et légendaires ; les autres, qui sont iconographiques, représentent soit des personnages de l'antiquité, dont l'effigie est imaginaire ou inspirée des médailles antiques, soit des personnages contemporains ; ces derniers, indépendamment de leur mérite artistique, peuvent être d'une utilité historique aussi grande que celle des camées antiques. Toutefois, les camées modernes sont surtout attrayants comme objets d'art ayant joué un rôle prépondérant dans la parure de grand luxe ; les montures émaillées, dont un certain nombre d'entre eux ont été entourés au XVIe siècle ou sous Louis XIV, rehaussent encore leur prix sous ce rapport.

Qu'ils soient antiques ou modernes, les plus importants des camées qui composent la collection du Cabinet des Médailles sont un héritage que les générations se sont transmis d'âge en âge depuis l'exécution de ces précieux objets. J'entends par là, qu'en général ils n'ont pas été trouvés dans des fouilles heureuses ou découverts par d'habiles antiquaires : la plupart n'ont jamais été perdus. Ces bas-reliefs en pierres fines, de dimensions médiocres ou même exiguës, inusables, faciles à transporter ou à dissimuler et dont la destruction, contrairement à celle des médailles et des bijoux d'or et d'argent, ne pouvait être lucrative, ont échappé au vandalisme dont les annales de tous les peuples et de tous les temps sont remplies. L'éclat chatoyant et le rôle décoratif des camées ont toujours frappé les anciens qui les recherchaient et les conservaient comme les plus rares de leurs joyaux. Des monarques opulents, comme Ptolémée II Philadelphe, les rois de Pergame ou Mithridate le Grand, puis tous les empereurs romains eurent des écrins de ces gemmes multicolores sur lesquels ils furent attentifs à faire graver leurs portraits en vue de la postérité. Les empereurs byzantins, les rois barbares, les trésors des églises et des princes, au moyen âge, héritèrent de ces belles agates si précieusement conservées jusqu'à eux. Des témoignages innombrables attestent qu'ils recherchaient les camées et les intailles avec une passion égale à celle des Romains eux-mêmes. Dès l'époque mérovingienne, les monastères, les églises, les résidences royales, ont des pierres gravées dans leurs trésors. Les princes carolingiens mettent celles qu'ils possèdent en dépôt à l'abbaye de Saint-Denis; par l'intermédiaire des princes normands de Sicile, par les croisades, — surtout celle de 1204 qui mit au pillage les palais et les églises de Constantinople, — le monde latin s'enrichit avidement des vases en sardonyx et en cristal gravé, des gemmes et joyaux qui avaient été dévolus à l'Orient, lors du partage du vieil empire romain.

C'est par cette dernière voie plutôt que par les ambassadeurs d'Haroun al Raschid à Charlemagne, comme le voudrait la tradition, que notre Coupe de Chosroès est parvenue à Saint-Denis. Suger fit mettre un pied d'or émaillé à notre canthare de sardonyx auquel la légende du moyen âge rattache les noms de Ptolémée Philadelphe et de Mithridate. L'empereur Baudouin II donna à saint Louis le grand Camée de la Sainte-Chapelle et l'ancien sceptre romain qu'on transforma en Bâton cantoral. Ces deux célèbres monuments sont reproduits sous nos figures des pages 105 et 107. Sur le premier, on voit, au registre central, Tibère et Livie assis côte à côte sur le trône impérial et donnant audience à Germanicus accompagné de sa mère Antonia. Germanicus porte la main à son casque pour prendre congé; il va partir pour sa campagne d'Orient d'où il ne devait pas revenir. Le registre supérieur montre le jeune héros emporté au ciel par Pégase et reçu par Enée et les autres ancêtres divinisés des *Julii*; au registre inférieur, sont assis pêle-mêle des Germains et des Parthes, les peuples vaincus par Germanicus. La grande et précieuse monture en or émaillé représentant les quatre Évangélistes, dont les Byzantins avaient entouré ce camée, le plus grand que nous ait légué l'antiquité, n'existe plus depuis les premières

Le grand Camée de la Sainte-Chapelle.
(Germanicus reçu par Tibère et Livie.)

années du XIXe siècle. Quant au sceptre romain, devenu au moyen âge l'insigne du doyen du Chapitre de la Chapelle du Palais, la monture dont le roi Charles V le fit orner a subi de regrettables mutilations à la Révolution.

Dans l'*Inventaire* de la collection du roi Charles V, en 1380, on compte 52 camées ; dans celui de Charles VI, il y en a 101. Que sont devenus ces précieux monuments ? Ils n'ont pu être détruits ; cependant il n'en est qu'un bien petit nombre que nous puissions avec certitude identifier sous nos vitrines. Quelques unités seulement se retrouvent aussi, des camées consignés dans l'Inventaire de la collection royale rédigé à l'avènement de Charles IX en 1560. Henri IV donna l'ordre à Bagarris d'acheter « grand nombre de camayeux d'agathe et d'autres pierres fines, contenant histoires, fables, triomphes, moralités des anciens Grecs et Romains » ; il lui signale en particulier « cinquante petites figures en ronde bosse de pierres fines comme agathes, onices, jaspes, cornalines, hellietropes, presme », etc. Il est impossible, avec des indications aussi sommaires, de désigner sous nos vitrines les monuments que Bagarris dut ainsi acquérir pour répondre au vœu du Roi. Après l'acceptation du legs de Gaston d'Orléans en 1660, on dressa « l'estat des pierres gravées en creux et de relief qui sont au Cabinet du Roy très chrestien ». Il est ainsi constaté que la collection royale comprenait alors environ 180 camées et 300 intailles. La collection de Lauthier achetée en 1670, comptait 869 gemmes, « consistant en 210 onices, 83 camaiuls, et le restant en saphirs, grenats, cornioles, sardoines, presmes, ametistes, jaspes, agates, jacinthes, topazes, berilles, gyrasol, turquoises et lapis-lazuli ». En 1674, l'acquisition de la collection de Harlay fit entrer au Cabinet du Roi 31 camées et une quarantaine d'intailles.

Dans les années suivantes, Louis XIV acheta le splendide camée de Saint-Èvre de Toul qui représente Germanicus en Ganymède (n° 265), et la Vénus de Saint-Nicolas-du-Port, près Nancy (n° 42), qui, jusque-là avait été vénérée comme étant la Vierge Marie. La Révolution enrichit le Cabinet de camées, bustes de sardonyx et vases d'agate enlevés aux Trésors de Saint-Denis, de la Sainte Chapelle, des cathédrales de Chartres, du Puy, de Clermont-Ferrand, d'Alby, de Reims, des églises de Montivilliers, de Sainte-Geneviève de Paris, etc. Parmi ces monuments, précieux entre tous, il convient d'attirer l'attention sur une élégante nef en sardonyx qui a encore sa monture médiévale en vermeil et en émail (n° 373) ; sur

Le Bâton cantoral de la Sainte-Chapelle (ancien sceptre romain du IVe siècle).

la Coupe en émail cloisonné dont le médaillon central en cristal représente le roi parthe Chosroès (n° 379) ; sur la *Julia Titi* en aigue-marine qui, avec sa monture, représente tout ce qui reste du grand reliquaire appelé *L'escrin de Charlemagne* ; et par-dessus tout enfin, sur le merveilleux canthare de sardonyx (n° 368) dont les reliefs sculptés dans la gemme représentent une Bacchanale : que ce vase ait ou non appartenu à Mithridate, il avait été transformé en calice au moyen âge, et on ne saurait trop regretter la disparition, à la fin du XVIIIe siècle, du richissime piédestal d'orfèvrerie sur lequel Suger, le ministre de Louis VI et de Louis VII, l'avait fait monter.

Depuis lors, il n'est entré qu'un petit nombre de camées au Cabinet des Médailles. Il convient pourtant de signaler le legs Henri Beck en 1845, où se trouve le beau camée représentant le *Jugement de Pâris;* les acquisitions, en 1850, du camée qui représente le triomphe de Licinius (n° 308); en 1893, du camée sassanide où l'on voit Sapor faisant prisonnier l'empereur romain Valérien (n° 360) ; le don par J. de Witte du petit camée grec représentant le devin Mélampos et les Prœtides (n° 145) ; la tête de Méduse signée ΔΙΟΔΟΤΟΥ, donnée par M. Pauvert de La Chapelle avec sa collection d'intailles, enfin deux bustes en sardonyx légués par G. Grignon de Montigny.

A l'encontre des camées, les *intailles* n'étaient qu'accessoirement et subsidiairement des objets de parure ; la plupart d'entre elles, servant de cachets pour sceller les actes publics ou privés, étaient montées en bagues, d'où le nom de *dactyliothèque* donné aux coffrets dans lesquels les anciens les renfermaient. Souvent aussi, leurs montures permettaient de les suspendre à des colliers. Les cylindres orientaux, les gemmes crétoises et mycéniennes, les scarabées et scarabéoïdes, les cônes et conoïdes sont percés d'un trou de suspension qui indique que leurs propriétaires les portaient comme des breloques ou fixés à des colliers. Tandis que les camées sont demeurés objets précieux à travers toutes les générations qui nous les ont légués, les intailles, au contraire, ont rarement été préservées de la même façon : seules, celles qui, avec les camées et les cabochons, ont servi à la parure des reliquaires, des châsses, des croix, des vases sacrés et autres monuments liturgiques, sont parvenues jusqu'à nous par la même voie que les camées. Mais c'est l'exception. La plus grande partie des intailles antiques provient des fouilles et des découvertes modernes ; Bagarris en acheta pour Henri IV ; Gaston d'Orléans en avait plusieurs centaines et Louis XIV s'appliqua à augmenter encore cette série ; on peut dire que chaque jour déverse de nouvelles intailles sur le marché des antiquités. On en trouve dans les tombeaux, aux doigts ou au cou des cadavres ; les bergers de la Grèce, de la Syrie, de l'Égypte, des campagnes de l'Italie ou du nord de l'Afrique les recueillent parfois aussi après les grandes pluies ou dans le lit desséché des torrents qui traversent des ruines. Le plus grand nombre de ces cachets privés sont d'un style médiocre, même barbare, ou portent un sujet mille fois répété et sans intérêt à cause de sa banalité : l'antiquaire expérimenté doit s'appliquer à choisir.

Au Cabinet des Médailles, les intailles sont réparties comme suit :

1. Cylindres chaldéens, assyriens, héthéens, perses et autres :

Fonds commun	372
Coll. de Luynes	130
Coll. Pauvert de La Chapelle	12
TOTAL	514

2. Cachets orientaux : chaldéo-assyriens, phéniciens, héthéens, perses, parthes, sassanides, arméniens, himyarites, arabes :

Fonds commun	476
Coll. de Luynes	70
TOTAL	546

3. Pierres gravées crétoises et mycéniennes :

Fonds commun	105
Coll. Pauvert de La Chapelle	6
TOTAL	111

4. Intailles grecques et romaines :

Fonds commun	1 075
Coll. de Luynes	207
Coll. Pauvert de La Chapelle	147
TOTAL	1 429

5. Intailles gnostiques	145
6. Intailles chrétiennes et médiévales.	14
7. Intailles indiennes.	7
8. Intailles de la Renaissance et des temps modernes	284
Total général. . .	**3 050**

PLANCHE VI

Quelques-unes de nos plus belle sintailles appartenant à diverses époques sont groupées sur notre planche VI ; en voici la nomenclature sommaire :

1re ligne. — Archer grec agenouillé (coll. Pauvert de La Chapelle, n° 78). — Méduse, avec l'égide ; buste de trois quarts ; cornaline (coll. de Luynes, n° 42). — Hercule debout, vu de dos, s'appuyant sur sa massue ; cornaline (n° 1768 *bis*). — Apollon citharède, assis sur un rocher ; améthyste signée du graveur grec Pamphilos (n° 1815).

2e ligne. — Femme assise, tenant un petit Amour (coll. Pauvert de La Chapelle, n° 114). — Tête de Méduse, les yeux baissés. Camée grec d'une incomparable finesse ; devant le visage, on lit la signature de l'artiste, ΔΙΟΔΟΤΟΥ (coll. Pauvert de La Chapelle, n° 163). — Bélier; style grec archaïque (coll. Pauvert de La Chapelle, n° 67).

3e ligne. — Taureau dionysiaque, avec la signature du graveur, Hyllos (n° 1637). — Tireur d'épine (deux Satyres) ; calcédoine (coll. de Luynes, n° 69).

4e ligne. — Buste de Satyre, avec la signature du graveur Epitynchanos ; améthyste (coll. de Luynes, n° 71). — Julie, fille de Titus ; aigue-marine avec la signature du graveur Evodos (n° 2089). — Satyre bachique dansant, avec le thyrse et le canthare (n° 1648).

Au milieu, en bas. — Crucifixion, sur cristal de roche ; époque carolingienne.

A gauche. — Louis XV triomphant ; intaille gravée par Jacques

Pl. VI. — Intailles grecques, romaines, médiévales et modernes.

Guay pour la victoire de Fontenoy en 1745 ; cornaline (n° 2499 *bis*). — Buste de François Ier, par Matteo dal Nassaro (n° 2485).

A droite. — Mme de Pompadour, par Jacques Guay ; cornaline (n° 2503 *bis*). — Alexandrine, fille de Mme de Pompadour, par Jacques Guay ; cornaline (n° 2505 *bis*).

IV

LES ANTIQUES

Sous cette rubrique générale, nous groupons les monuments égyptiens et asiatiques, les statuettes et autres objets de bronze et de terre cuite, les marbres et inscriptions, les vases peints, les ivoires et les bijoux grecs et romains.

La collection des monuments égyptiens du Cabinet des Médailles, qui comprend 1 967 numéros, se compose : 1° de ceux qui proviennent du legs de Caylus au Roi, en 1765 ; 2° de ceux qui furent rapportés par Caillaud de ses voyages à Thèbes et à Méroé en 1819 et 1824 ; 3° de ceux de la mission Prisse d'Avennes en 1843. On y remarque : la Chambre des ancêtres (hommage rendu par Thoutmosis III à ses prédécesseurs), le tableau du ciel stellaire des Égyptiens, appelé le zodiaque de Dendérah, des stèles en pierre, une trentaine de grands sarcophages peints, des statuettes de bronze et de terre émaillée, une série considérable de scarabées en terre émaillée, et en jaspe brun et stéatite, des amulettes et des colliers.

Outre les cylindres et les cônes en pierres fines qui rentrent dans la catégorie des gemmes et que nous avons énumérés plus haut, le Cabinet possède quelques autres monuments chaldéo-assyriens : le *koudourrou* babylonien connu sous le nom de Caillou Michaux, des briques inscrites et quelques bas-reliefs rapportés de Babylone, de Ninive, de Persépolis, par Lottin de Laval et d'autres voyageurs.

Parmi les monuments phéniciens et puniques, nous signalerons une suite d'environ 4500 stèles votives en pierre, avec inscriptions puniques, trouvées en 1874 et 1884 sur le sol de Carthage. Il y a

Danseuse.
Terre cuite grecque de la collection H. de Janzé.

aussi un lot important d'inscriptions himyarites et arabes. Pour ne rien omettre de ce qui touche à l'Orient, nous citerons trois inscriptions coptes, deux inscriptions indiennes, l'une sur bronze, l'autre sur pierre, en caractères dévanagaris; trois inscriptions thibétaines.

Les antiquités grecques et romaines forment les groupes suivants :

250 bustes, bas-reliefs, stèles, fragments de sculpture en marbre ou en pierre ; 30 inscriptions grecques dont les plus importantes

La patère de Rennes, en or massif.
Bustes romains en calcédoine. - Collier romain de Nasium. — Médaillons en or.

furent rapportées d'Asie Mineure par Peyssonnel en 1749 ; 224 inscriptions latines dont 112 épitaphes funéraires, trouvées à Carthage en 1880 ; 700 lampes de terre cuite, dont un lot important légué par Edmond Le Blant, en 1897 ; 250 verres antiques ; environ 1 200 figurines, têtes, bas-reliefs, plaques et tessons en terre cuite ; le plus grand nombre provient de l'ancienne collection royale ; les autres sont dans les collections de Luynes, de Janzé et Oppermann. C'est à la collection de Janzé qu'appartient la statuette en terre cuite reproduite à la page 113, qui représente une danseuse grecque, les bras en avant, la tête rejetée en arrière, les jambes écartées dans un mouvement qui rappelle ceux des Bacchantes et n'est pas sans quelque analogie avec le *cake-wake* moderne.

Phalère en or trouvée à Auvers (Seine-et-Oise.)

Des urnes funéraires étrusques et romaines, des fragments de tables iliaques sur marbre, 25 cachets d'oculistes gallo-romains en stéatite, des tessères et autres menus objets en ivoire et en os, des stylets, spatules et objets de toilette, enfin une remarquable série de diptyques consulaires en ivoire, de l'époque constantinienne et byzantine venus, pour la plupart, des trésors d'églises, lors des confiscations de la fin du XVIIIe siècle.

Les bijoux d'or et d'argent et l'argenterie antique du Cabinet des Médailles ne sont pas la partie la moins admirée de ses collections. Citons : la patère d'or de Rennes, offerte au Roi par les États de Bretagne en 1774 (p. 114) ; le collier de Nasium orné de médaillons romains et de camées ; les grands plateaux d'argent dont celui qui porte le nom de Geilamir, roi des Vandales; des coupes d'argent doré sassanides, le calice et la patène d'or trouvés à Gourdon (Côte d'Or) en 1845, des bijoux byzantins, une belle série de bagues d'or et d'argent, la phalère d'Auvers (Seine-et-Oise) donnée par M. Alex de Gossellin (p. 115), des bracelets, des colliers, des pendants d'oreilles répartis, les uns, dans l'ancien fonds royal, les autres dans la collection de Luynes, enfin le célèbre trésor d'argenterie trouvé à Berthouville (Eure), en 1830, et où nous signalerons surtout les canthares ornés de centaures et de centauresses (p. 116), des aiguières déco-

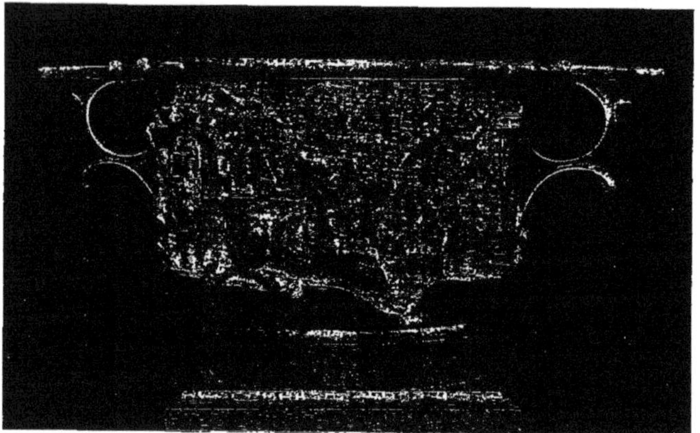

Vase d'argent du trésor de Berthouville.

rées de scènes relatives à la guerre de Troie, un gobelet où l'on voit, dans une scène des plus gracieuses et qui est, en même temps, un chef-d'œuvre de toreutique au repoussé, Pégase s'abreuvant à la fontaine Pirène, au pied de l'Acro-Corinthe. Il y a dans les vitrines de Luynes un incomparable choix de bijoux grecs en or, dont nos planches VII et VIII ne donnent qu'une idée très imparfaite; on ne sait ce qu'il faut le plus admirer de l'élégance de ces colliers, de ces bagues, de ces pendants d'oreilles aux formes variées et indéfinissables, ou bien de l'incroyable habileté technique des artistes qui les ont exécutés ; et pourtant les graveurs des monnaies alignées

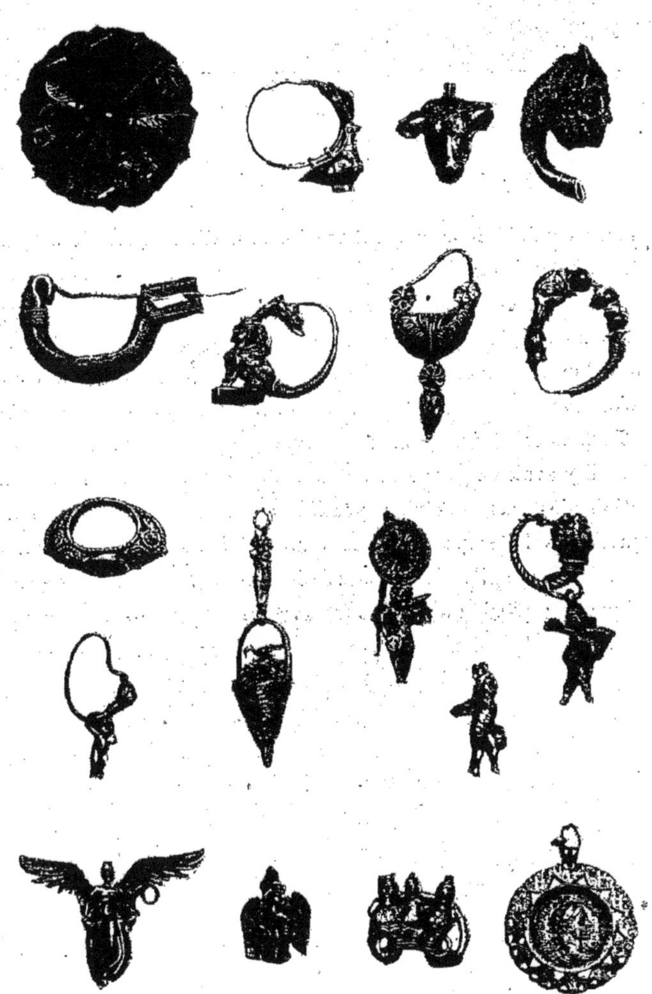

Pl. VII. — Bijoux grecs en or de la collection de Luynes.

dans les vitrines voisines leur sont encore supérieurs et les ont dépassés.

Nous ne savons pas d'une manière précise si, dans la suite très considérable des statuettes et autres monuments de bronze du Cabinet des Médailles, il en est qui remontent jusqu'à François Ier et Henri II. Les renseignements nous font défaut sur les séries de cette nature que les voyageurs envoyés dans le Levant par ces princes éclairés leur avaient rapportées. Charles IX fit diligence pour acheter les collections de Jean Grollier, et le Cabinet de ce célèbre amateur lyonnais renfermait, entre autres, « toutes sortes d'anciennes figures tant de cuivre que de marbre ». Cette vague indication ne permet pas de dire si, parmi ces *antiques* de Charles IX, il s'en trouve encore aujourd'hui sous nos vitrines.

Dans la collection de François du Périer achetée par Henri IV en 1608, il y avait vingt-quatre statuettes de bronze ; mais leur identification n'est pas, non plus, possible aujourd'hui. Parmi les autres acquisitions faites par Bagarris pour le Roi, nous relevons encore : « Les douze premiers empereurs de bronze, sur bustes, assez grands, antiques... ; plusieurs petites statues et figures de bronze et de marbre, avec plusieurs autres choses rares et excellentes, le tout, antique... ; plusieurs instruments, vases, urnes, larmoirs, anneaux, pénates, trouvés dans les monuments des anciens. »

Dans les collections que Louis XIV fit acheter, nous constatons la présence de statuettes de bronze qu'il est plus facile de reconnaître, sans pourtant que nous puissions dresser des listes complètes d'identification. Ce n'est qu'à partir de 1727, avec les bronzes Mahudel, que l'on commence à suivre pas à pas les acquisitions de bronzes antiques ou réputés tels. C'est ainsi que, vers 1751, le Roi achète deux statuettes célèbres dans les fastes de l'archéologie : l'Apollon de Ferrare (n° 101), la Canéphore grecque (n° 1045), et l'Apollon, sur la jambe duquel est gravée la dédicace de Céphisodore (n° 98). En

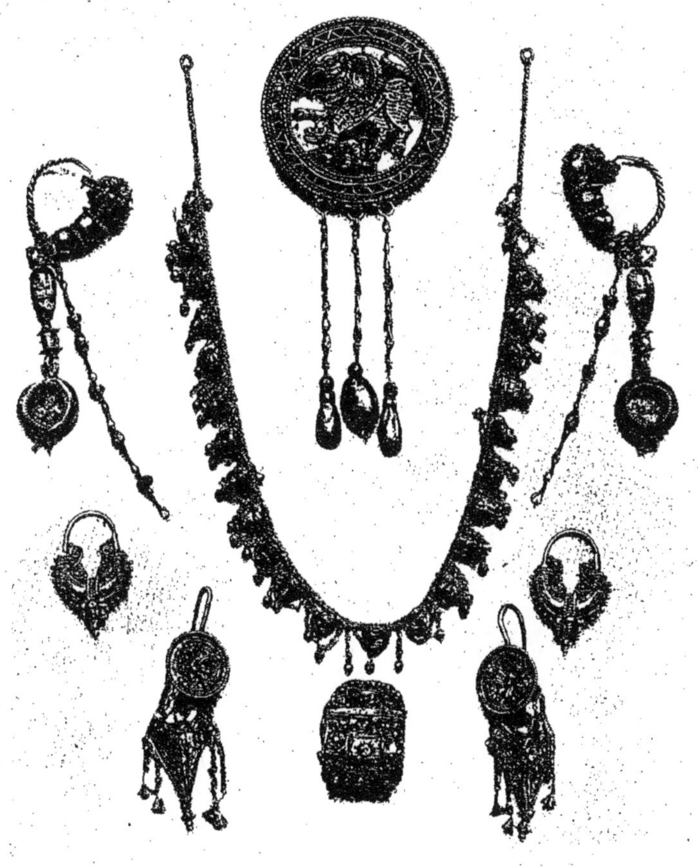

Pl. VIII. — Bijoux grecs en or de la collection de Luynes.

dépit de tout ce qui avait été fait auparavant, ce fut le legs du comte de Caylus en 1765, qui donna à la suite des bronzes du Cabinet du

Roi une importance hors de pair ; tous les archéologues connaissent le célèbre *Recueil d'antiquités* dans lequel cet amateur zélé a publié et commenté son riche musée. Parmi ses bronzes, on admire entre autres un jeune Éthiopien, trouvé à Chalon-sur-Saône en 1763 (p. 120) : ce jeune esclave alexandrin, à l'expression langoureuse, aux cheveux calamistrés, aux jambes grêles, au torse déhanché, est représenté chantant une traînante mélopée au son de sa *sambuca* qui a disparu.

Jeune esclave nègre jouant de la guitare. Statuette romaine en bronze.

La précipitation avec laquelle se firent, la plupart du temps sans inventaire, les confiscations révolutionnaires, ne permettent pas d'identifier les bronzes venus au Cabinet des Médailles par cette source impure. Le Rapport envoyé le 3 frimaire an III (30 novembre 1795) au Comité d'Instruction publique par Villar de la Mayenne se contente de faire la constatation suivante : « Au-dessus du Cabinet des Médailles est un grenier rempli d'une prodigieuse quantité de petites idoles, de vases, de bustes, de lampes et autres intéressants débris de l'antiquité, en terre, en marbre, en bronze ! » Les antiques de la ci-devant abbaye de Sainte-Geneviève, déversés un peu plus tard, le 9 ventôse an V (27 février 1797), au Cabinet des Médailles, peuvent seuls être reconnus aujourd'hui, grâce à la publication qui en avait été faite dès 1692, par le P. du Molinet. Dans le cours du XIXe siècle, il nous faut mentionner l'achat, en 1836, d'une belle série de miroirs étrusques et d'autres bronzes, à la vente Edme Durand. La donation de Luynes enrichit le Cabinet de 39 statuettes de bronze égyptiennes, grecques, étrusques et romaines et de 44 armures et armes antiques : dans le nombre, nous citerons l'Aristée criophore de Rimat, un grand trépied étrusque de Vulci, le rétiaire d'Esbarres, le casque d'Herculanum, la tablette cypriote de Dali. Les bronzes du legs de Janzé, au nombre de 88, sont tous remarquables par leur conservation et leur intérêt archéologique ; il faut pourtant signaler exceptionnellement parmi eux le Diadumène (n° 927), réplique exquise d'une des œuvres les plus célèbres de Polyclète (p. 121). Dans la collection Oppermann, il y a 301 statuettes ou ustensiles de bronze, parmi lesquels un Héraclès combattant (n° 518), œuvre des plus remarquables de l'archaïsme grec. Les derniers accroissements importants du Cabinet des Médailles, en fait de bronzes antiques, sont l'acquisition en 1879, de statuettes trouvées à Reims ; puis, le don fait par le ministère de l'Instruction publique, de bronzes provenant de Bourbonne-les-Bains et d'un diplôme militaire du règne de Trajan trouvé à Cherchel.

Le Diadumène de Polyclète.
(Réplique en bronze.)

La première série importante de vases peints qu'ait possédée le Cabinet du Roi est celle qui lui fut léguée par Caylus en 1765; auparavant il n'y avait que quelques vases grecs ou étrusques confondus au milieu de potiches chinoises ou de poteries péruviennes et mexicaines rapportées par les explorateurs du Nouveau Monde. L'inventaire de 1791 constate la présence de 158 vases dont 72 au moins provenaient de Caylus. Le 8 juillet 1795, une cinquantaine de vases confisqués dans les maisons des émigrés furent dévolus au Cabinet des Médailles ; de

La coupe du roi Arcésilas.
Le roi de Cyrène Arcésilas (ve siècle avant notre ère), assis sous une tente, préside au pesage et à l'emballage du silphium.

nouveaux versements suivirent, jusqu'en 1797, époque où entrèrent une centaine de poteries provenant de Sainte-Geneviève. Parmi les vases peints de l'ancien fonds royal, il faut citer la coupe d'Arcésilas (189), le plus célèbre peut-être des vases grecs, remarque M. de Ridder[1], l'œnochoé signée de Nicosthènes, et la coupe de Polyphène (190).

Ce fonds ne devait être sérieusement développé qu'à partir de 1836,

[1] A. de Ridder. *Catalogue des vases peints du Cabinet des médailles*, préface, p. V.

par l'acquisition de vases choisis dans les collections Edme Durand, Magnoncourt, Beugnot et Lucien Bonaparte, prince de Canino. En 1845, le prince Torlonia offre au Cabinet du Roi 20 beaux vases provenant de la nécropole de Céré; puis, on en achète 46 au comte de Prokesch-Osten, qui provenaient de la Grèce, 27 à Vattier de Bourville, ancien consul de France à Benghasi; d'autres encore aux ventes Dubois et Raoul Rochette. En 1862, la donation de Luynes fait entrer au Cabinet 87 vases, tous de premier ordre. Parmi les plus célèbres il faut citer le vase chalcidien (223), le cratère représentant le Jugement de Pâris et l'évocation de Tirésias (422), le très beau vase avec Thésée et Amphitrite (418), des vases signés d'Euphronios, d'Amasis, de Cléophradès, de Douris, de Brygos, d'Epigénès, dont plusieurs sont des chefs-d'œuvre de ces maîtres de la céramique grecque. Vingt-cinq beaux vases nous vinrent en 1865, avec la collection Hipp. de Janzé; en 1874, la donation Oppermann en apporta 175, parmi lesquels, l'œnochoé ionienne (179) sur laquelle est représentée une ville assiégée; l'aryballe (186) avec le cheval de Troie; l'amphore panathénaïque provenant de Camiros (243), le plat signé d'Epictète (509), l'hydrie (977) représentant la catastrophe de l'écuyer Myrtile.

En dehors de ces grandes donations, la suite des vases peints du Cabinet des Médailles ne s'est enrichie, depuis cinquante ans, que de quelques unités dues à la générosité de J. de Witte, de Marcotte-Genlis, de Mme Cornu, des fils d'Ernest Beulé. Aucune acquisition de vases peints n'est faite maintenant avec le budget ordinaire qui est spécialement réservé à l'accroissement des séries de numismatique et de glyptique. Le nombre total des vases peints du Cabinet des Médailles est de 1261, se répartissant comme suit :

Fonds commun	976
Collection de Luynes.	87
Collection Oppermann	175
Collection de Janzé	23
TOTAL.	1 261

V

LES MONUMENTS DU MOYEN AGE ET DE LA RENAISSANCE

En dehors des monnaies, médailles, camées et intailles, les monuments du moyen âge et des temps modernes conservés au

Salle de la Renaissance.
Armoire-médaillier du duc Louis d'Orléans. — Commodes-médailliers de Louis XV.
Le trône du roi Dagobert.

Cabinet des Médailles sont peu nombreux. Sauf exceptions, ils s'y trouvent groupés dans une salle spéciale, à côté de meubles très appréciés des amateurs, tels que l'armoire-médaillier qui appartint à Joseph Pellerin, le médaillier exécuté par Ch. Crescent pour le duc Louis d'Orléans, et les commodes-médailliers de Louis XV, œuvres des frères Slodtz et des ébénistes Goudreaux et Jouber (p. 124). Dans cette salle, on remarque le trône du roi Dagobert,

L'épée des grands maîtres de l'Ordre de Malte, dite épée de la religion.

les bijoux du tombeau de Childéric, l'épée d'honneur des grands maîtres de Malte, dite épée de la religion, merveille de l'orfévrerie allemande du XVIe siècle, exécutée par Hans Muelich, d'Augsbourg et donnée par Philippe II au grand maître La Valette. Après la prise de Malte, elle fut offerte à Bonaparte qui la fit déposer au Cabinet des Médailles. Dans les vitrines voisines sont rangés des diptyques consulaires et d'autres ivoires romains et byzantins, la série si intéressante des pièces d'échiquier qui proviennent de Saint-Denis, et parmi lesquelles celle qui fit partie, dit la tradition, de l'échiquier apporté par les ambassadeurs d'Haroun al Raschid à

Une pièce d'ivoire de l'échiquier de Charlemagne.

Charlemagne. Citons encore un bas-relief en marbre peint signé de Mino da Fiesole, un buste d'enfant attribué à Donatello, de merveilleux émaux cloisonnés provenant de reliquaires détruits à la Révolution ; enfin, un choix de médailles de la Renaissance italienne et des médaillons de bronze de David d'Angers. A ces monuments s'ajoutent une suite de matrices de sceaux et d'empreintes de sceaux, en cire ; quelques vases arabes en bronze damasquiné ; le grand vase en ivoire monté en cuivre du maréchal de Lowendal ; enfin, dans la collection de Luynes, l'épée dite de Boabdil, le dernier des rois maures de Grenade.

VI

CONCLUSION ET OBSERVATIONS GÉNÉRALES

Dans les quelques pages qui précèdent, on a vu comment s'est constitué le *Cabinet du Roi*; on a pu juger sommairement de sa composition et de ses richesses dès le moyen âge. S'il a aujourd'hui sa spécialité très nettement déterminée pour la numismatique et la glyptique, il est resté néanmoins un musée complet, car toutes les séries d'antiquités classiques s'y trouvent représentées.

Il ne manque pas de gens, même éclairés, qui, au cours d'une visite superficielle au Cabinet des Médailles, font cette réflexion qui vise surtout les bronzes, vases peints, inscriptions, stèles et autres monuments : « Pourquoi ces séries ne sont-elles pas fusionnées avec les séries similaires du musée du Louvre? Pourquoi le Cabinet des Médailles n'est-il pas absorbé par le Louvre ? »

A ces amoureux de l'uniformité ennuyeuse et de l'absolue symétrie, on peut répondre par de nombreux arguments. Loin de moi la pensée d'écrire pour le Cabinet des Médailles un plaidoyer qu'on ne me demande point et qui serait, ici, hors de propos. Qu'on me permette seulement quelques réflexions générales.

D'abord, je pourrais faire remarquer que tous les musées de Paris, quels qu'ils soient, pourraient, avec tout autant de logique, être fondus dans le musée du Louvre. N'y a-t-il pas, au musée de Cluny, pour citer un exemple, une foule de monuments qui trouveraient leur place logique dans les séries similaires du Louvre? Serait-ce un bien? Paris y gagnerait-il en attrait et en intérêt pour les visiteurs et les amateurs d'art? N'est-ce pas la multiplicité des musées, chacun avec son originalité propre, qui donne tant de charme à telles ou telles villes d'Italie, de Belgique ou de Hollande ? Y a-t-il intérêt à concentrer toutes les richesses archéologiques de l'État en un même lieu, pour les exposer à être détruites en masse dans un seul et unique désastre ?

Si nous nous plaçons au point de vue scientifique, serait-ce même l'intérêt des travailleurs ? Je ne le crois point. En effet, presque tous les monuments du Cabinet des Médailles ont été, depuis le XVIIIe siècle jusqu'à présent, publiés, décrits, reproduits, incessamment cités. Ils sont indiqués dans des milliers de livres comme se trouvant au Cabinet des Médailles. Du premier coup, sans effort, sans perte de temps, le travailleur qui veut voir les monuments originaux en s'en rapportant à une référence bibliographique, les retrouve dans notre galerie et les a sous les yeux et dans les mains. Il en serait tout autrement, à coup sûr, si ces objets s'en allaient prendre rang dans d'autres séries similaires où ils seraient disséminés. L'expérience quotidienne le prouve surabondamment : même armé des meilleurs inventaires et répertoires ou des concordances les plus soignées, le travailleur aurait à se livrer à un laborieux contrôle pour retrouver l'objet de ses recherches ; on n'aurait fait, sans profit pour la science, que lui imposer une perte de temps et multiplier les chances d'erreurs.

J'ai fait remarquer plus haut que le Cabinet des Médailles est peut-être le plus ancien musée du monde. Eh bien ! j'estime qu'il y a un réel intérêt historique et scientifique à respecter dans son intégrité cet ancien *Cabinet du Roi* et à montrer ce qu'était la plus importante des collections lorsque l'archéologie se trouvait encore dans l'enfance. Le jour où il serait démembré, tous ceux qui ont le culte de l'art, le respect du passé et de l'histoire de l'archéologie ne pourraient s'empêcher de s'écrier : Quel dommage ! On a donc, jusqu'ici, sagement agi en n'enlevant au Cabinet des Médailles que des groupes de monuments tout à fait étrangers à ses grandes séries classiques, qui étaient venus accidentellement s'adjoindre à l'ancien fonds. Les armures médiévales ont été transférées au musée des Invalides ; quelques monuments préhistoriques sont allés au musée de Saint-Germain-en-Laye ; les curiosités ethnographiques de l'Extrême-Orient et de l'Amérique pré-colombienne sont maintenant, avec raison, au musée d'Ethnographie du Trocadéro. J'estime qu'on pourrait encore, sans inconvénient, enlever du Cabinet des Médailles pour les transporter dans des musées spéciaux certaines séries, telles, par exemple, que les sarcophages égyptiens et les autres grands monuments rapportés d'Égypte par Caillaud et Prisse d'Avesnes, les stèles et les inscriptions monumentales, qui ont toujours été considérés comme déposés provisoirement à la Bibliothèque Nationale. Mais c'est là une question de mesure ; il faudrait prendre garde de s'avancer trop loin dans cette voie, sous prétexte de meilleure et plus scientifique répartition des monuments. Qu'on évite surtout de démembrer les anciens fonds qui se présentent à nos regards avec un vénérable cortège de souvenirs et qui ont leur raison d'être historique. On trouve bon de laisser au musée du Louvre les camées, les intailles, les médailles qui s'y trouvent : ce sont des spécimens utiles, à côté des autres séries de monuments contemporains : appliquons le même principe aux antiquités classiques du Cabinet des Médailles.

Nous l'avons montré dans les pages qui précèdent : ce berceau de l'archéologie qui représente le travail progressif des siècles passés, est consacré par les souvenirs qu'évoquent tant d'objets qui s'y trouvent renfermés ; il a d'incomparables titres de noblesse. Les meubles eux-mêmes dont le style élégant est si admiré des connaisseurs doivent demeurer garnis des médailles, des gemmes et des autres objets pour lesquels ils ont été fabriqués et surmontés de ceux qui, dès le principe, les ont ornés extérieurement. C'est la collection de nos Rois : elle est sacrée comme une tradition nationale : toucher à ses parties essentielles serait commettre un acte de vandalisme et de barbarie.

Il importe aussi d'observer qu'au point de vue administratif le démembrement du Cabinet des Médailles risquerait fort d'être contrarié par nos principes de droit public. Les donations de Luynes, de Janzé, Pauvert de La Chapelle et presque toutes les autres, ont été faites spécialement à la Bibliothèque Nationale et non point à un autre établissement. Le transfert de ces collections au Louvre ou ailleurs risquerait, sûrement, de provoquer de graves réclamations de la part des donateurs ou de leurs héritiers et ayants droit qui veillent, avec juste raison, à ce que les conditions des donations soient scrupuleusement respectées.

Enfin, le régime auquel est nécessairement soumis le Cabinet des Médailles diffère essentiellement de celui d'un musée ordinaire. Dans un musée, presque tous les monuments sont destinés à être exposés dans des vitrines ou hors des vitrines ; le public peut les visiter aussi bien que les travailleurs les étudient sur place : l'exposition est le but premier d'un musée archéologique. C'est tout le contraire au Cabinet des Médailles : l'exposition publique ne saurait y être qu'exceptionnelle. Les médailles disposées dans les vitrines ne sont qu'un choix très limité extrait des séries rangées dans les armoires-médailliers. Le visiteur dilettante peut se contenter de cette exposition partielle ; mais le travailleur doit, pour étudier une série, s'asseoir à une table spéciale, sous le contrôle libéral du fonctionnaire qui s'efforce de faciliter ses recherches ; il demande communication des médailles ou des gemmes gravées, soit par unités, soit tiroir par tiroir ; les pièces exposées ne sont pour lui que des accidents genants, à tel point qu'au Musée britannique on a pris le parti de n'exposer dans les vitrines que des galvanoplasties.

Les chercheurs érudits sont donc placés par les nécessités du ser-

Salle dite « La Rotonde ».
(Vitrine du trésor de Berthouville et des médailles françaises.)

vice, au Cabinet des Médailles, dans une intimité de tous les instants avec les conservateurs, et cela pour le grand profit scientifique des uns et des autres; on travaille sur une tablette de médailles comme sur un livre, un manuscrit, une estampe, et, de là, l'assimilation du Département des Médailles et Antiques avec les autres Départements de la Bibliothèque nationale; de là, la justification du régime commun sous lequel ils vivent côte à côte, bien que d'une manière indépendante.

Congrès international de Numismatique.
(Plaquette de J.-B. Daniel-Dupuis.)

Reproduction d'une eau-forte originale de A. Legros. (*Le Laboureur.*)

TABLE DES ILLUSTRATIONS

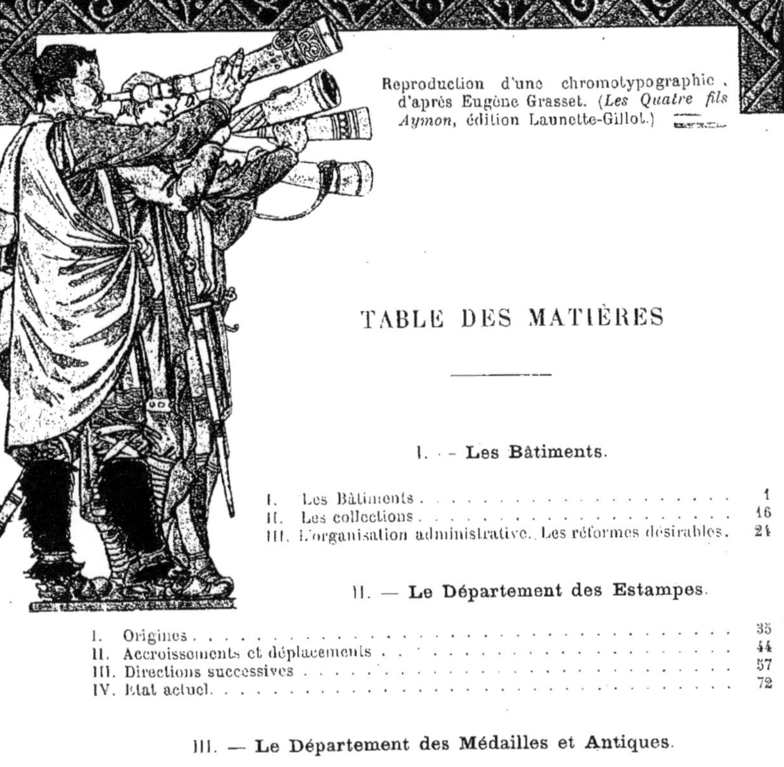

Reproduction d'une chromotypographie, d'après Eugène Grasset. (*Les Quatre fils Aymon*, édition Launette-Gillot.)

TABLE DES MATIÈRES

I. – Les Bâtiments.

II. — Le Département des Estampes.

III. — Le Département des Médailles et Antiques.

ÉVREUX, IMPRIMERIE CH. HÉRISSEY ET FILS

Galerie de la Réserve.

LE

DÉPARTEMENT DES IMPRIMÉS

ET LA

SECTION DE GÉOGRAPHIE

Trois millions de volumes et de brochures rangés sur des tablettes dont la longueur dépasse certainement 60 kilomètres, — la distance de Paris à Fontainebleau, — tel est, au commencement du xxe siècle, le bilan des collections du Département des Imprimés. Et ce n'est pas seulement par le nombre qu'il mérite de fixer l'attention, il force également l'admiration par les trésors qu'il renferme : vélins et incunables précieux, éditions originales, impressions de luxe, somptueuses reliures, etc., dont la réunion en fait le dépôt littéraire le plus riche du monde.

Résumer son histoire et celle de ses principaux accroissements, retracer les persévérants efforts des bibliothécaires et des savants qui ont poursuivi avec tant de succès son prodigieux développement, faire revivre la mémoire des bienfaiteurs qui ont généreusement aidé à sa grandeur et à sa prospérité, puis, après avoir rappelé brièvement le passé, jeter un coup d'œil sur le présent, voilà la tâche que nous allons entreprendre, heureux de contribuer, si modestement que ce soit, à faire davantage connaître le Département le plus important et le plus fréquenté de la Bibliothèque Nationale.

I

DES ORIGINES A LA RÉVOLUTION

Si l'on s'en rapportait uniquement à la date du partage des collections de la Bibliothèque du Roi en quatre grandes divisions, partage opéré en 1721 par l'abbé Jean-Paul Bignon, le Département des Imprimés n'achèverait que dans quelques années le second siècle de son existence. Mais sa véritable origine est bien plus reculée ; et si l'on veut remonter jusqu'à son berceau, c'est à l'époque même de l'introduction de l'imprimerie à Paris, au temps de Louis XI, qu'il faut se reporter.

La collection des livres imprimés de la Bibliothèque du Roi fut en effet commencée par Louis XI, qui s'intéressa aux travaux des premiers imprimeurs parisiens. Charles VIII l'augmenta de volumes précieux, principalement de ceux dont lui fit hommage le célèbre Vérard ; et Louis XII la réunit à la *Librairie* fondée à Blois par son aïeul et par son père, les princes Louis et Charles d'Orléans. De François Ier, elle ne reçut pas tous les accroissements qu'elle en

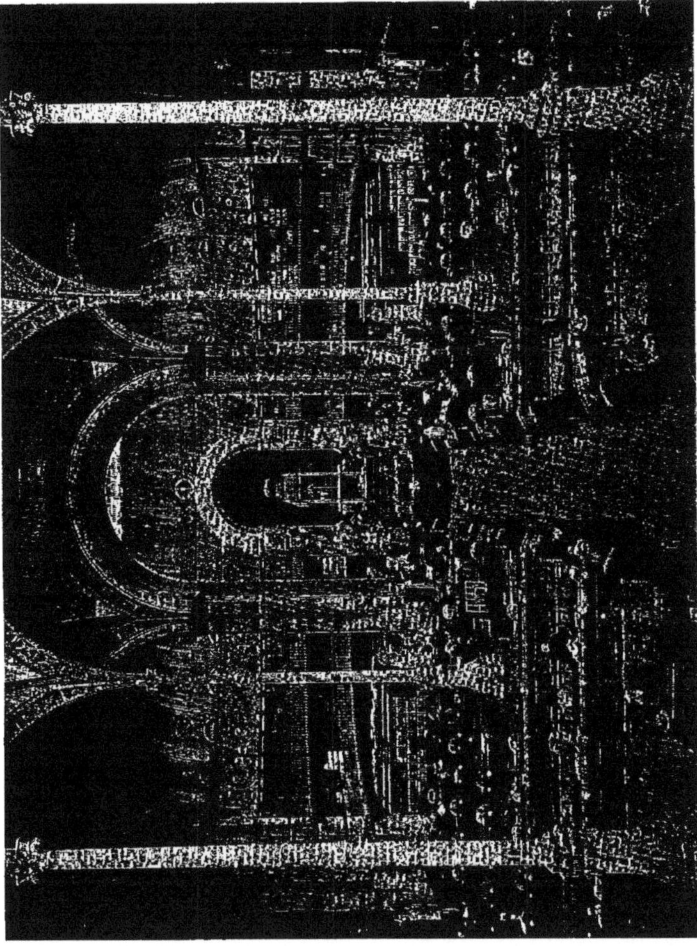

Salle de travail.

pouvait attendre ; ce prince éclairé, qui montra un goût si vif pour les manuscrits et les fit rechercher à grands frais en Italie, en Grèce et en Orient, se révéla moins curieux d'acquérir les livres qui de son temps furent imprimés en France et à l'étranger. Mais il importe de dire que ceux qu'il ajouta à la Bibliothèque de Fontainebleau sont tous d'un prix inestimable, et comptent parmi les merveilles que le Département des Imprimés s'enorgueillit de posséder.

Henri II semble s'être surtout préoccupé de faire revêtir ses livres de riches reliures. Ses fils, dont les règnes furent ensanglantés par les guerres de religion et les troubles de la Ligue, pendant lesquels la Bibliothèque courut les plus sérieux dangers, ne se signalèrent par aucune acquisition importante. Quant à Henri IV, si, grâce aux négociations habilement menées par l'illustre historien Jacques-Auguste de Thou et qu'il ne nous appartient pas de raconter, il réussit à faire entrer à la Bibliothèque les manuscrits de Catherine de Médicis et la Bible de Charles le Chauve, il ne l'enrichit assurément pas de beaucoup de livres imprimés. Si bien que, au mois de septembre 1610, quand le jeune roi Louis XIII vint la visiter sous la conduite de Casaubon, garde de la librairie, qui lui en fit les honneurs, elle n'en possédait encore qu'un millier environ, dispersés sans ordre au milieu des manuscrits.

Le successeur de Casaubon, Nicolas Rigault, entreprit le premier travail d'ensemble auquel aient donné lieu les livres imprimés et les manuscrits de la Bibliothèque du roi, et, avec la collaboration de Saumaise et de Hautin, le termina en 1622. Ce catalogue, des plus sommaires, est divisé en cinq séries, les trois premières consacrées aux manuscrits, et les deux autres réservées aux imprimés. La quatrième et la cinquième partie du travail de Rigault sont les plus anciens catalogues des livres imprimés de la Bibliothèque du Roi. En voici les titres exactement reproduits : *Bibliothecæ regiæ, pars IIII : Libri impressi typis antiquis hebraici, græci, latini ;* et *Bibliothecæ regiæ, pars V : Libri impressi typis antiquis gallici, italici.*

Ce vénérable document, écrit de la main de Rigault, est conservé au Département des Manuscrits; les deux volumes dont il se

Magasin central.

compose sont richement reliés en maroquin rouge, aux armes de Louis XIII.

Nommé en 1635 conseiller au Parlement de Metz, Rigault fut remplacé par Pierre et Jacques Du Puy, qui déjà avaient fait leurs preuves dans l'administration de la célèbre bibliothèque de M. de Thou, leur parent. D'une famille où l'amour des livres était héré-

L'abbé Jean-Paul Bignon, bibliothécaire du Roi (1718-1741.)
Portrait gravé par Audran, d'après Jos. Vivien (voir page 16.)

ditaire, les deux frères possédaient en commun une importante collection dont leur père, Claude Du Puy, jurisconsulte distingué, avait réuni les premiers éléments. Ils l'apportèrent avec eux en venant s'installer dans la maison de la rue de La Harpe, où les livres royaux étaient alors gardés, comme s'ils avaient eu déjà le secret dessein, qu'ils réalisèrent plus tard, de la léguer au Roi. Leur entrée à la Bibliothèque est marquée par la revision et la refonte du catalogue de Rigault; ils divisent leur travail en trois parties, dont la troisième est affectée aux livres imprimés. Elle en mentionne 1 329! Et ceci

Van Praet, conservateur du Département des Imprimés (1784-1837.)
Buste de G[me] Geefs (voir page 24.)

se passe en 1645! Et il y aura bientôt deux siècles que le premier atelier typographique parisien a été établi dans les bâtiments de Sorbonne! Mais cet état de choses va cesser, et le moment est proche où les livres imprimés prendront à la Bibliothèque du Roi la place prépondérante qu'ils y devaient légitimement occuper.

Des deux frères Du Puy, l'aîné, Pierre meurt en 1651 ; le second, Jacques ne lui survit que quelques années. A sa mort, arrivée le

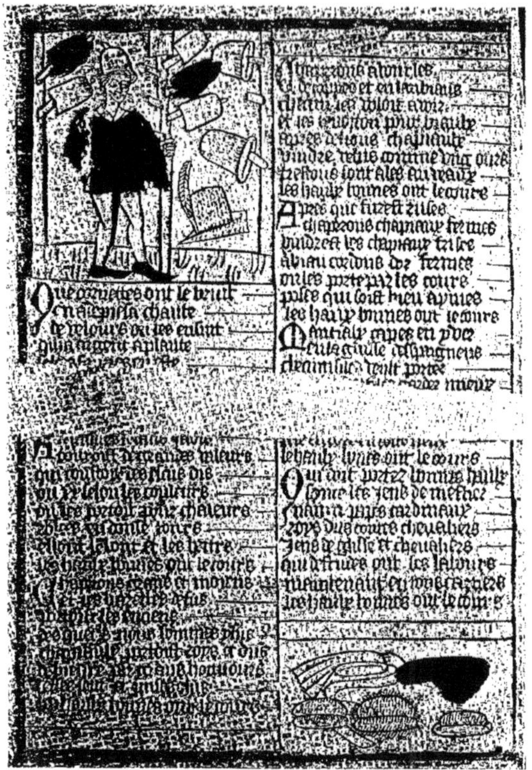

Ballade des haulx Bonnets. Xylographe français.
(Exposition, 25.)

17 novembre 1656, il donne à Louis XIV, par un testament qui mériterait d'être entièrement reproduit, tous ses livres imprimés dont il avait pris soin de rédiger lui-même l'inventaire. Cette riche col-

lection, pour laquelle les deux frères avaient dépensé jusqu'à vingt-mille écus, apporte à la Bibliothèque du Roi, où ils vont constituer le

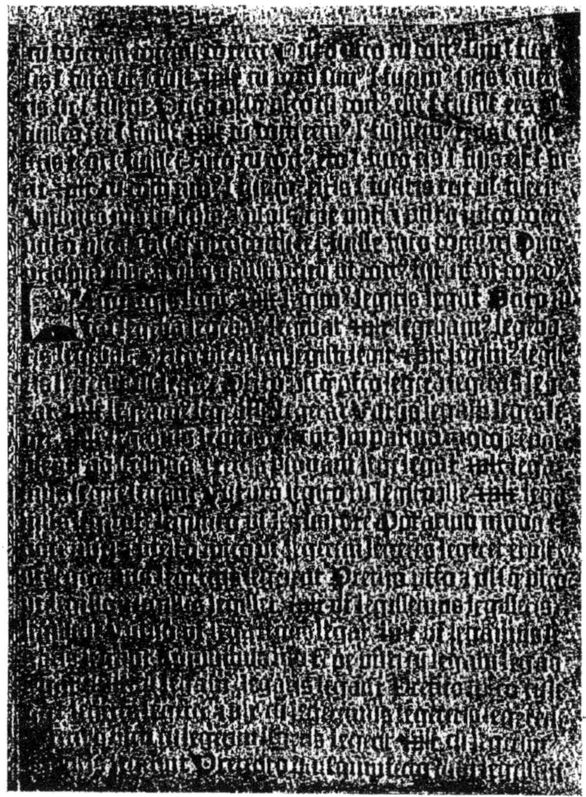

Donat de 1451, attribué à Gutenberg (voir page 40.)
(Exposition, 37.)

véritable noyau du Département des Imprimés, plus de 9000 volumes, presque tous reliés aux armes de la famille Du Puy.

Le don généreux de Jacques Du Puy inaugure pour la Bibliothèque une ère de prospérité qui ne surprendra personne lorsque nous aurons dit que Colbert, en sa qualité de surintendant des Bâtiments du Roi, en a pris la direction effective. Ce grand ministre, dont le vaste génie ne négligeait aucun des détails de la tâche immense qu'il avait assumée, va s'occuper de l'enrichissement des collections royales avec un zèle et une habileté qu'on ne peut trop admirer, surtout lorsqu'on sait l'intérêt passionné qu'il portait à sa propre bibliothèque.

Sous son énergique impulsion, les achats et les dons se succèdent nombreux et importants. C'est d'abord l'oncle même du Roi qui imite le noble exemple de Jacques Du Puy. Gaston d'Orléans avait réuni dans son palais du Luxembourg une bibliothèque dont les contemporains se sont plu à célébrer les merveilles. En mourant il la laisse à Louis XIV, et cette donation ajoute aux collections royales un nombre considérable de livres imprimés, la plupart reliés aux armes du prince par le fameux Le Gascon. En 1667, la disgrâce de Fouquet entraîne la dispersion de la magnifique bibliothèque qu'il possédait à Saint-Mandé. A sa vente, Colbert s'empresse de faire acheter, entre autres ouvrages, une importante collection de livres imprimés, relatifs à l'histoire d'Italie, collection jadis formée par le libraire Trichet du Fresne, et dont, une première fois, le surintendant lui avait avec succès disputé l'acquisition. Cette même année, il enlève les manuscrits et les imprimés de Gilbert Gaulmin, doyen des maîtres des requêtes, à la reine Christine de Suède, qui cherchait à les acquérir et hésitait devant le prix élevé qui lui en était demandé. Et comme ces achats avaient nécessairement multiplié les doubles qu'il était sans intérêt de conserver, Louis XIV, par un arrêt rendu à l'instigation de Colbert, ordonne avec la Bibliothèque mazarine un avantageux échange qui vaut à la Bibliothèque du Roi, sans parler des manuscrits, près de 4 000 volumes imprimés.

En 1669, il est question d'acquérir la célèbre collection de M. de Thou. Des négociations sont entamées, mais malheureusement ne

Cy commence le volume Intitule le recueil des histoires de troyes Compose par venerable homme raoul le feure prestre chappellain de mon tresredoubte seigneur Monseigneur le Duc Phelippe de bourgoingne En lan de grace mil. cccc. lxiiii.

Quant Je regarde et congnois les oppinions des hommes nourris en aucunes singulieres histoires de troyes / Et voy et regarde aussi que de Icelle faire vng recueil Je Indigne ay receu le commandement de tres noble et tres vertueux prince Phelippe par la grace faiseur de toutes graces duc de bourgoingne/de lothrique/de brabant et de lembourch/Conte de flandres. dartois et de bourgoingne/Palatin de haynau de hollande de zeelande et de namur/Marquis du saint empire/Seigneur de frise de salins et de malines / Certes Je treuue assez a penser / Car des histoires dont vueil recueil faire Tout le monde parle p liures translatez du latin en francois moins beaucoup que Je nen traicteray / Et aucuns en ya qui sahurtent seulement aleurs particuliers liures / Pourquoy Je crains escripre plus que leurs liures ne font mencion / Mais quant Je considere et poise le tres cremeu command de Icellui tres redoubte prince qui est cause de ceste oeuure nō pour corrigier les liures Ja solempnellement trāslatez Aincois pour augmenter Je me rendray obaissant Et au moins mal que Je pourray feray trois liures qui mis en vng prendront pour nom le recueil des troyennes histoires / Ou premier liure Je traicteray de saturne et de Jupiter et de laduenemēt de troyes et des faiz de perseus. Et de la merueilleuse natiuite de hercules et de

Raoul Le Fèvre. Recueil des histoires de Troyes.
Premier livre imprimé en français.
(Exposition, 209.)

peuvent aboutir ; et c'est beaucoup plus tard qu'aux livres du Roi sont venus se joindre des livres reliés aux armes si connues du grand historien. L'année suivante, Colbert répare cet insuccès en achetant au prix de 25 000 livres, la bibliothèque du médecin Jacques Mentel, savant bibliophile, qui prétendait descendre du premier imprimeur de Strasbourg. Cette collection, bien qu'inférieure à celle de M. de Thou, n'en apporte pas moins à la Bibliothèque du Roi un grand nombre d'ouvrages qui lui faisaient défaut.

Colbert ne se borne pas à saisir toutes les occasions qui s'offrent en France d'enrichir les collections royales; il se préoccupe, avec une égale sollicitude, d'y faire entrer les ouvrages importants qui s'impriment à l'étranger. Pour réaliser ses desseins, tantôt il se sert de nos ambassadeurs et de nos consuls, à qui il signale les acquisitions qu'il juge nécessaires, tantôt il confie à des savants des missions spéciales qui donnent les plus heureux résultats. Et la Bibliothèque du Roi, qui comptait à peine 10 000 livres imprimés quand il en avait pris la direction, en contenait, au moment de sa mort, un nombre quatre fois plus considérable.

Si Colbert, en raison des immenses services qu'il a rendus à la Bibliothèque du Roi, peut être considéré comme l'un de ses fondateurs, ce n'est que justice de reconnaître qu'il fut singulièrement aidé dans son œuvre par deux hommes d'une science bibliographique consommée et d'un dévouement sans bornes, Pierre de Carcavy et Nicolas Clément.

Carcavy, « un des meilleurs connaisseurs en livres de son temps », entra en 1663 à la Bibliothèque du Roi, où il fut appelé par Colbert, et y exerça pendant vingt ans les fonctions de garde de la librairie, sans en recevoir le titre. Possédant toute la confiance du ministre dont il avait été le premier bibliothécaire, il fut associé à tous ses projets et prit une part des plus actives et des plus heureuses à leur réalisation.

Nicolas Clément, d'abord employé comme copiste chez Colbert, rejoignit bientôt Carcavy, qui avait su l'apprécier, dans l'hôtel de la rue Vivienne, où les collections royales venaient d'être transportées. Aussi modeste que laborieux, « moins curieux de se faire un

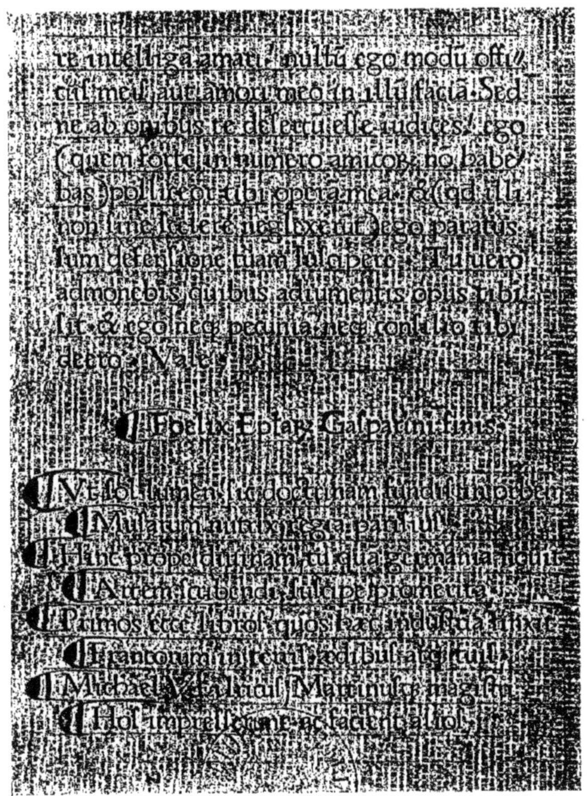
te intelligã amari. multũ ego modũ officii mei aut amori meo in illũ faciã. Sed ne ab oĩbus te desertũ esse iudices: ego (quem forte in numero amicorũ no habebas) polliceor tibi operã meã: & (qd illi non sine scelere neglexerũt) ego paratus sum defensionẽ tuam suscipere. Tu uero admonebis quibus adiumentis opus tibi sit: & ego neq pecunia neq consilio tibi deero. Vale.

Foelix Epistolarũ Gasparini finis.

Vt sol lumẽ, sic doctrinam fundis in orbem
Musarum nutrix regia parisius.
Hinc prope diuinam, tu quã germania nouit,
Artem scribendi suscipe promerita.
Primos ecce libros quos hæc industria finxit
Francorum in terris ædibus atq tuis.
Michael, Vdalricus, Martinusq magistri
Hos impresserunt ac facient alios.

Gasparin de Bergame. Epistolarum liber (1470.)
Premier livre imprimé à Paris.
(Exposition, 220.)

nom dans la République des lettres qu'attentif à remplir exactement les devoirs de son état, il ne fut, toute sa vie, occupé que de l'arrangement de la Bibliothèque du Roi ». Ce fut là toute sa tâche en effet, mais il s'y dévoua, pourrait-on dire, jusqu'à en mourir. Car la maladie qui l'emporta, le 16 janvier 1712, fut certainement aggravée par le chagrin qu'il éprouva de s'être laissé duper par un prêtre apostat, Jean Aymont, qui avait su capter sa confiance et en profita pour commettre un vol resté célèbre [1].

C'est à Clément dont on sait le zèle et l'activité, que l'on confie la rédaction du catalogue que les accroissements considérables de livres imprimés, pendant l'administration de Colbert, rendaient absolument nécessaire. Il y consacre neuf années d'un travail assidu; et le catalogue, commencé en 1675, est terminé en 1684. Divisé, suivant la nature des ouvrages, en 23 séries, à chacune desquelles est affectée une lettre de l'alphabet, il remplit 7 gros volumes in-fol., suivis d'une table alphabétique en 6 volumes. Mais les collections s'augmentent rapidement, et le premier travail est à peine achevé qu'il est déjà devenu insuffisant. En 1688, Clément le reprend en sous-œuvre, et mène rapidement à bonne fin un second catalogue méthodique qui comprend les mentions de 43 000 volumes. Cette œuvre capitale, qu'il fut un moment question d'imprimer, et qui de nos jours encore peut être utilement consultée, est contenue dans 14 volumes, auxquels s'ajoute une table alphabétique en 21 volumes dont la transcription fut terminée le 29 mars 1714 par le copiste Jean Buvat, le Buvat, dont une indiscrétion fit avorter la conspiration de Cellamare [2].

Des mains de Colbert, la direction de la Bibliothèque était passée dans les attributions de Louvois. Conseillé par son frère, Maurice Le Tellier, archevêque de Reims, Louvois emploie pour augmenter

[1] Voir dans l'*Essai historique sur la Bibliothèque du Roi*, par Le Prince, le récit complet de ce triste événement.

[2] C'est également Clément qui a rédigé le catalogue de la collection de Maurice Le Tellier, archevêque de Reims, aujourd'hui conservée à la Bibliothèque Sainte-Geneviève; c'est lui encore qui a organisé le premier fonds des Archives du ministère des Affaires Étrangères.

les collections royales, les mêmes moyens que son prédécesseur, et fait poursuivre, avec un succès presque égal, les mêmes recherches

oroisons propres et adonc fut baillé le dit ciel aux dessusditz .viii. religieux lesquelz le porterent iusques a leglise saint denis sur ledit corps

¶ Item apres lenterrement dudit corps eut grosse altercation entre ledit grant escuier et les aultres escuiers descuirie dudit roy et les religieux dudit saint denys pour le poille qui estoit soubz la dessusdicte figure pour ce que yceulx escuiers disoient ledit poille leur appartenir et lesditz religieux au contraire et tellement que ledit poille fut mis en la main de monseigneur de dunois et de monseigneur le chancellier de france et finablement fut appoincté que ledit poille qui estoit de drap dor bien riche demourroit a ycelle eglise

¶ Item et au millieu de la dessusdicte grant messe y eut une predication que fist maistre thomas de courcelles docteur en theologie a laquelle avoit grant peuple priant pour ledit deffunct et les vngz plorans lequel roy fut intitulé le roy charles .vii.e de ce nom tres victorieux

¶ Item et apres lenterrement dicelui roy fut crie dieu ait lame du roy charles tresvictorieux comme dessus est dit. puys apres Vive le roy loys et adonc les huissiers et aultres sergens getterent leurs verges sur la fosse dicelluy

¶ Item apres toutes les choses faictes alla vng chascun disner en la grant salle de labbe dicelle eglise ou fut court planiere et ouverte a tous venans et de ceste heure le disner fait et graces dictes monseigneur de dunoys dist a haulte voix que luy et tous les aultres serviteurs avoient perdu leur maistre et pourtant que vng chascun pensast de soy pourveoir A quoy furent plusieurs moult dolens et par especial commencerent les pages fort a plourer

¶ Cy finist le tiers volume des croniques de france contenant charles .v.e .vi.e .vii.e bien ordonne par tables et par chappitres Et pareillement les deux volumes precedens Fait a paris en lostel de pasquier bon homme lung des quatre principaulx libraires de luniversite de paris ou pend pour enseigne limage saint cristofle le .xvi.e iour de ianuier Lan de grace mil .CCCC.lxxvi.

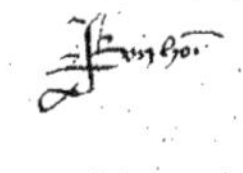

Chroniques de Saint-Denis, 1476 (n. st. 1477.)
Premier livre français imprimé à Paris.
(Exposition, 258.)

en France et à l'étranger. De toutes parts, les livres affluent : il en vient d'Angleterre, de Hollande, de Suède, etc. Mais la moisson est surtout abondante en Italie, d'où le célèbre Mabillon, en moins de deux ans, envoie plus de 4 000 volumes imprimés. Et comme l'abbé de Louvois s'efforce de marcher sur les traces de son père, et pousse le zèle jusqu'à recueillir dans ses voyages des livres qu'il dépose, à son retour, à la Bibliothèque, le règne de Louis XIV s'achève aussi heureusement qu'il avait commencé, et ses succès vont bientôt inspirer la muse d'un poète [1].

Quelque fécond cependant qu'il ait été pour les collections royales, le règne de Louis XIV sera dépassé par celui de Louis XV, qui va se dérouler plus prospère encore, si prospère qu'il méritera d'être appelé l'Age d'or de la Bibliothèque. L'abbé Jean-Paul Bignon, qui a succédé à l'abbé de Louvois, mort prématurément en 1718, est venu prendre possession d'une place pour ainsi dire héréditaire dans sa famille, puisque son aïeul et son père l'avaient déjà remplie et que plus tard ses neveux devaient l'occuper à leur tour.

Le premier soin du nouveau bibliothécaire est de faire procéder à un récolement général de toutes les collections. Convaincu, après l'achèvement de cette utile opération, « qu'il était impossible à un seul homme de suffire à la conservation de tant de choses si différentes », il se décide à en opérer le partage en quatre grandes divisions : manuscrits, livres imprimés, titres et généalogies, estampes et planches gravées [2], chacune d'elles placées sous la direction d'un garde spécial. Le Département des Imprimés est officiellement créé.

La réalisation de cette importante mesure, et le transport des collections royales des maisons de la rue Vivienne, où elles étaient à l'étroit, dans les vastes galeries de l'hôtel de Nevers, n'empêchent pas l'abbé Bignon de déployer le zèle le plus actif pour accroître les trésors dont il a la garde. Puissamment aidé par un ministre, M. de

[1] Les accroissements de la Bibliothèque sous le règne de Louis XV, poème qui a remporté le prix de l'année 1741 au jugement de l'Académie française, par M. Linant. Paris, 1741, in-4°, 7 pages. [Réserve. Q. 416.]

[2] A cette époque, les médailles étaient encore à Versailles.

Maurepas, dont le nom est inséparable de cette période de l'histoire de la Bibliothèque, il l'enrichit successivement de la collection

Théophraste. De Suffruticibus, etc. Strasbourg, in-16.
Note autographe de Rabelais sur ce titre.
(Exposition, 372.)

musicale de l'abbé de Brossard[1], chanoine de Meaux, « auparavant

[1] La collection de l'abbé de Brossard doit être considérée comme l'embryon de la série.

maître de musique de grande réputation » ; du recueil de 60 000 pièces imprimées et manuscrites formé par Morel de Thoisy, lieutenant général à Troyes, sur le droit et les matières ecclésiastiques ; des volumes précieux, au nombre de plus de mille, achetés à la vente des livres imprimés de la Bibliothèque de Colbert ; et enfin, de l'importante collection de M. de Cangé, qui fournit près de 7 000 volumes imprimés. Et nous ne parlons pas d'une quantité d'autres acquisitions fort intéressantes, mais qui n'ont pas la valeur exceptionnelle de celles que nous venons de citer.

A l'étranger, le succès n'est pas moins complet. Imitant l'exemple de ses illustres devanciers, Colbert et Louvois, plus entreprenant même, puisque les recherches sont étendues à la Chine et aux Indes, l'abbé Bignon entretient une correspondance des plus suivies avec nos agents diplomatiques qui lui envoient une « immensité de livres tant imprimés que manuscrits ». Tous sont animés de la plus louable émulation, mais celui dont le zèle se fait le plus remarquer est notre ambassadeur à Copenhague, le comte de Plélo, qui devait mourir si héroïquement au siège de Dantzig.

C'est également sous la féconde administration de l'abbé Bignon que fut décidée et entreprise l'impression du catalogue des livres imprimés. Des six volumes dont il se compose, le premier parut en 1739 et le dernier en 1753. Trois sont consacrés à la *Théologie*, un au *Droit canon* et au *Droit de la nature et des gens* ; les deux autres sont affectés aux *Belles-Lettres*. Un septième volume, qui devait comprendre le *Droit civil*, resta inachevé, et l'impression des catalogues fut abandonnée. Elle ne devait être reprise qu'un siècle plus tard.

La mort de l'abbé Bignon n'interrompit pas la série des grandes acquisitions ; et sous ses successeurs, le Département des Imprimés poursuivit, avec un rare bonheur, le cours de ses enrichissements.

musicale de la Bibliothèque nationale, série qui, grâce aux apports du dépôt légal et aux dons, compte aujourd'hui plus de 300 000 articles.

En 1742, le célèbre médecin Falconet, dont la bibliothèque faisait l'admiration des savants de l'époque, offrit à Louis XV tous ceux

Montaigne. Essais. 5e édition. Paris, 1588, in-4°. *Titre gravé.*
(Réserve. Z. 1114).

de ses livres qui manquaient aux collections royales. On choisit plus de 11 000 volumes ; mais ils n'entrèrent à la Bibliothèque du

Roi qu'en 1762, après la mort de leur généreux donateur. Ils y furent bientôt rejoints par la fameuse bibliothèque de Daniel Huet, évêque d'Avranches, ancien précepteur du grand Dauphin. Huet l'avait léguée à la maison professe des Jésuites de la rue Saint-Antoine, où il avait passé les dernières années de sa vie. Après l'expulsion des Jésuites, un des héritiers du prélat, M. de Charsigné, la revendique, en obtient la restitution, et avec un rare désintéressement, — l'impératrice de Russie en avait offert 50 000 écus ! — la cède au roi en échange d'une pension de 1 750 livres. La bibliothèque de Huet, comprenait plus de 8 000 volumes imprimés, ornés d'un ex-libris que tous les bibliophiles connaissent, la plupart reliés à ses armes, et rendus infiniment précieux par les savantes notes dont il les a enrichis.

La collection de l'évêque d'Avranches n'est pas le seul accroissement qu'ait valu à la Bibliothèque du Roi le départ des Jésuites. Celle-ci eut aussi la faculté de prélever, dans la bibliothèque des religieux expulsés, tous les livres imprimés qui lui faisaient défaut. Pour la première fois, on mettait en pratique une mesure qui devait recevoir, quelques années plus tard, et pour le plus grand profit des collections nationales, une si générale application.

Pour en finir avec le règne de Louis XV, il reste à enregistrer l'achat de la collection de M. de Fontanieu, conseiller d'État et intendant des meubles de la couronne. Riche en imprimés, en estampes et surtout en pièces relatives à l'histoire de France, — elle en contenait plus de 60 000, — elle fut payée 90 000 livres, sans compter une rente viagère de 8 000 livres !

Parmi les faits les plus importants qui ont marqué le règne de Louis XVI, il faut signaler l'entrée à la Bibliothèque de deux exemplaires de la célèbre Bible Mazarine, le chef-d'œuvre de Gutenberg, dont nous parlerons plus loin, et les acquisitions effectuées à la vente de la fameuse bibliothèque du duc de La Vallière. Cette vente fut un véritable événement qui passionna le monde des bibliophiles d'alors. Annoncée longtemps à l'avance, elle n'eut lieu qu'en 1784 et dura plusieurs mois. Grâce à un crédit obtenu de Louis XVI par

Marcellin Allard. La Gazzette Françoise. Paris, 1605, in-8°. *Titre gravé* par C. de Mallery. (Réserve. Z. 2814.)

le baron de Breteuil, ministre de la Maison du Roi, qui se montra toujours animé des dispositions les plus bienveillantes à l'égard de la Bibliothèque, elle put y faire d'importants achats qui s'élevèrent, rien que pour le Département des Imprimés, à la somme de 65 000 livres. Parmi les 700 volumes acquis se trouvaient de précieux monuments typographiques du xve siècle, et l'exemplaire du *Christianismi Restitutio* de Michel Servet, qui constitue l'une des curiosités de l'exposition de la Galerie Mazarine, et dont l'histoire vaut d'être contée. Dénoncé et poursuivi pour la publication de cet ouvrage, Servet fut arrêté à Genève à l'instigation de Calvin, condamné à être brûlé vif et exécuté le 27 octobre 1753. L'édition tout entière de son livre fut saisie et livrée aux flammes. L'exemplaire de la Bibliothèque, d'après une note autographe du célèbre médecin anglais, Richard Mead, à qui il a appartenu, aurait été arraché au bûcher. Le volume porte en effet en plusieurs endroits les marques des atteintes du feu. Et ce qui ajoute encore à l'intérêt qu'il présente, c'est que l'un des juges de Servet, Colladon, l'a annoté et a souligné les passages qui servaient de base à ses accusations. Estimé 1 200 livres dans le catalogue de M. de Boze en 1753, il fut payé 4 120 livres à la vente du duc de La Vallière. Quel prix atteindrait-il aujourd'hui?

Ce fut la dernière acquisition importante réalisée sous l'ancien régime, qui, jusqu'au bout, fit preuve, à l'endroit de la Bibliothèque, de la plus constante sollicitude et d'une générosité sans limites. En 1789, au moment où il va disparaître, la Bibliothèque compte plus de 300 000 volumes et brochures, dont le catalogue est tenu à jour. Et les événements qui se préparent, loin d'arrêter son développement, vont au contraire accroître, dans des proportions inouïes, les richesses qui, depuis longtemps déjà, la faisaient la première bibliothèque du monde.

II

DE LA RÉVOLUTION A NOS JOURS

La Révolution est venue. Les ordres religieux ont été dispersés, les couvents fermés et les biens des émigrés confisqués. Une masse considérable de livres imprimés et manuscrits tombe dans le domaine

Imitation de Jésus-Christ. Paris, 1640. In-fol.
Premier livre sorti des presses de l'Imprimerie royale. *Titre gravé.*
(Exposition, 268.)

public, et vient s'entasser, en divers points de Paris, dans des magasins que l'on nomme *Dépôts littéraires.*

C'est dans ces dépôts que, de 1792 à 1798, la Bibliothèque fut autorisée à choisir les ouvrages qui lui faisaient défaut. La tâche était immense. A point nommé, pour la bien remplir, il se trouva un homme dont la science bibliographique et l'inlassable activité devaient assurer le succès de l'entreprise, à laquelle son nom est resté indissolublement attaché. Van Praet, — une des gloires de la Bibliothèque — fut à la hauteur de la difficile mission[1] dont il était chargé, et si la masse des livres sur laquelle il dut opérer l'amena fatalement à choisir des doubles exemplaires, sa rare perspicacité sut y découvrir d'inestimables trésors pour le Département qu'il devait diriger, pendant quarante ans, avec tant de dévouement, de compétence et d'autorité.

Il est impossible de préciser le nombre des volumes que la Bibliothèque retira des Dépôts littéraires, mais c'est certainement par milliers qu'ils vinrent s'accumuler dans les salles du Département des Imprimés, envahissant jusqu'aux pièces les plus reculées, jusqu'aux greniers, où ils furent déposés pêle-mêle, le temps et les ressources manquant, non seulement pour les inventorier, mais même pour les ranger et les classer. Les dépôts constitués en province fournirent aussi leur contingent ; s'il fut beaucoup moins important, la faute en est aux délégués, qui s'acquittèrent de leur mission avec une coupable négligence. En même temps que Paris et les départements, les pays conquis, eux aussi, furent mis à contribution. Envoyés en Allemagne et en Italie à la suite de nos armées triomphantes, des commissaires furent chargés de recueillir et d'expédier à Paris les objets qui devaient être répartis entre les établissements scientifiques et littéraires. La Bibliothèque eut naturellement sa part de leurs envois; mais elle ne la conserva pas longtemps,

[1] La mission de Van Praet fut un moment interrompue pendant la Terreur. Arrêté et emprisonné aux Madelonnettes, sur la dénonciation de Tobiesen Duby, il réussit à s'échapper et se réfugia chez le libraire Barrois, où il resta caché pendant trois mois.

et la défaite lui reprit bientôt ce que la victoire lui avait apporté. Heureusement tous les livres qui, à cette époque, lui parvinrent

Frontispice de F. Chauveau pour le T. I de la première édition collective des œuvres de Molière (1666).
(Réserve. Yf. 3137.)

de l'étranger ne furent pas le fruit des succès de nos armes. En 1801, un savant bénédictin, Dom Maugérard, fut chargé par le comte

Chaptal, ministre de l'Intérieur, de la mission de rechercher dans les provinces rhénanes les livres imprimés et les manuscrits dignes d'entrer dans les collections nationales. Cette mission, qui dura plusieurs années, donna les plus heureux résultats ; elle fut marquée par de nombreux envois de livres fort rares, parmi lesquels il importe de signaler l'exemplaire de la célèbre « Bible de 36 lignes » imprimée selon toute vraisemblance à Bamberg vers 1461, par Albert Pfister, et qui fut achetée en même temps que trois manuscrits pour la somme de 1544 francs. La Bibliothèque reconnaissante a inscrit le nom de Dom Maugérard dans la galerie de la Réserve, à côté des noms des plus illustres bienfaiteurs du Département des Imprimés.

A dater de l'Empire, l'ère des grands accroissements semble close. Assurément Napoléon Ier, la Restauration et Louis-Philippe ne cessent de porter à la Bibliothèque le plus vif intérêt, et le manifestent en toute circonstance ; mais des acquisitions réalisées de leur temps, aucune ne saurait être comparée à celles de l'ancien régime. Pour toute la première moitié du XIXe siècle, il n'y a guère à mentionner que la vente de la collection Mac Carthy, en 1815, où la Bibliothèque, grâce à la libéralité du roi Louis XVIII, put acquérir, entre autres ouvrages précieux, le psautier de Mayence de 1457, qui fut payé 12000 francs. Et l'on ne saurait être trop reconnaissant à Van Praet de n'avoir pas laissé échapper l'occasion, qui ne s'est plus représentée depuis, d'ajouter aux collections royales un monument si important pour l'histoire de l'imprimerie.

Du reste, tout l'effort des bibliothécaires va maintenant tendre vers un autre but. On veut à tout prix sortir du chaos créé par l'immensité des apports révolutionnaires, chaos dans lequel Van Praet, grâce à sa prodigieuse mémoire qui l'avait fait surnommer le *catalogue vivant* de la Bibliothèque, pouvait seul se reconnaître, et qui, après sa mort, était redevenu presque impénétrable. Sous l'administration de M. Naudet, on se met résolument à l'œuvre. On procède d'abord à un récolement de tous les ouvrages portés sur les anciens catalogues. Pour les autres, quelle que soit leur origine :

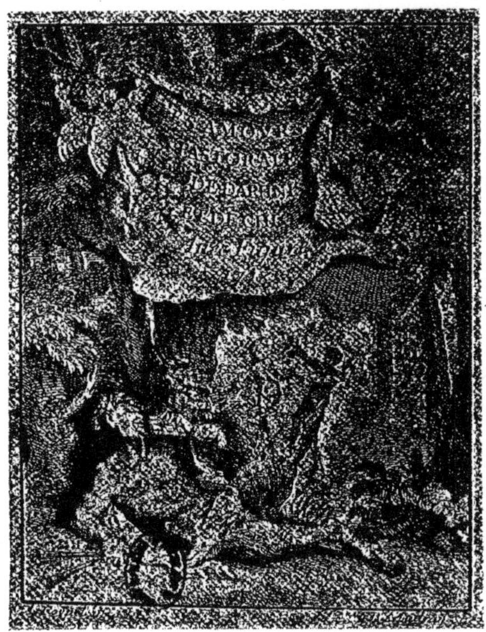

Longus. Daphnis et Chloé. Edition du Régent. Paris, 1718. In-8°.
Frontispice gravé par Audran.
(Réserve. Y². 1238.)

provenance révolutionnaire, dépôt légal, acquisitions ou dons, ils sont distribués dans les divisions bibliographiques auxquelles ils se rattachent par la matière qu'ils traitent, et ils y sont classés dans chaque format, in-fol, in-4° et in-8°, d'après l'ordre alphabétique des noms d'auteurs, ou des premiers mots des titres s'il s'agit d'ouvrages anonymes. Aucun catalogue n'en est dressé ; mais l'ordre alphabétique adopté pour le classement permet toutes les recherches. Un progrès sérieux est accompli.

A M. Naudet succède M. Taschereau. Le premier a vaincu le désordre, le second va consacrer tous ses efforts à la rédaction et à l'impression des catalogues méthodiques. C'est à la série la plus importante du Département des Imprimés que l'on s'attaque tout d'abord. Tous les ouvrages relatifs à l'histoire de France sont activement recherchés, soigneusement décrits et méthodiquement répartis en quinze grands chapitres : *Généralités, Histoire par époques, Histoire par règnes, Journaux et périodiques, Histoire religieuse, constitutionnelle, administrative, diplomatique, militaire, Mœurs et coutumes, Archéologie, Histoire locale, Histoire des classes, Histoire des familles* et *Biographies*. L'impression commence en 1854 ; le premier volume paraît en 1855, le second en 1856, et ainsi de suite jusqu'en 1865. Un supplément, entrepris en 1868, est achevé en 1879, et une table alphabétique des noms d'auteurs vient s'ajouter en 1895 à l'œuvre qui compte douze gros volumes in-4° [1]. Complété par cinq volumes de suppléments autographiés, publiés de 1880 à 1897, le catalogue de l'histoire de France est un véritable monument bibliographique qui fait le plus grand honneur à ceux qui l'ont conçu et exécuté, parmi lesquels, au premier rang, il faut placer M. Schmit, conservateur adjoint, qui, pendant 30 ans, rendit au Département des Imprimés les services les plus signalés.

Les Sciences médicales partagent avec l'Histoire de France les honneurs de l'impression. Un plan dressé par l'Académie de médecine, et dont M. Pauly est chargé de diriger l'exécution, les divise en neuf chapitres : *Généralités, Anatomie, Physiologie,*

[1] La table des ouvrages anonymes du catalogue de l'Histoire de France est en cours d'exécution; un premier volume autographié est dès à présent à la disposition des lecteurs dans la salle de travail.

Hygiène, Pathologie, Thérapeutique, Médecine légale, Art vétérinaire, Thèses, qui remplissent trois volumes in-4°. D'autres séries,

LES
GRACES
A PARIS.
PRAULT, Libraire, Quai
la Source des Sciences
même Quai, à l'Occasion.
M.DCC.LXIX.

Les Grâces. Paris, 1769. In-8°. *Titre gravé* par Moreau le jeune.
(Réserve. Z. 4020 [2].)

l'histoire d'Angleterre, l'histoire d'Espagne et de Portugal, l'histoire d'Asie, d'Afrique, d'Amérique et d'Océanie sont dotées de catalogues manuscrits qui plus tard seront autographiés. Vers 1860, les inventaires de la théologie et du droit canon sont entrepris et rapidement terminés; celui de la poésie est commencé. Enfin des mesures efficaces sont prises pour empêcher l'arriéré de s'accroître.

Tels sont les travaux considérables accomplis par M. Taschereau pendant les vingt-deux années d'une administration qui tiendra une grande place dans l'histoire de la Bibliothèque. Si, au moment de sa mort, en 1874, on considère l'état d'avancement des catalogues et des inventaires du Département des Imprimés, leur achèvement complet ne semble plus une chimère irréalisable, et l'on commence à entrevoir la terre promise. Il était réservé à M. Léopold Delisle d'y entrer.

Les catalogues méthodiques, tels que le plan en avait été arrêté en 1852, étaient de savantes bibliographies, d'une utilité incontestable, mais ils nécessitaient de longues et minutieuses opérations qui nuisaient à la rapidité de leur exécution. Au risque d'allonger la tâche entreprise, fallait-il persévérer dans cette voie? Telle est la première question que se pose M. Delisle quand il prend possession du poste d'administrateur général de la Bibliothèque, et qu'il résoud par la négative. Il décide d'interrompre l'impression des catalogues méthodiques et de recourir au système plus expéditif des inventaires. Aussitôt toutes les forces dont il dispose sont concentrées sur cette besogne, et les inventaires des séries non traitées par son prédécesseur sont successivement entrepris. Grâce à une heureuse circonstance, c'est-à-dire grâce au vote par les Chambres d'un crédit supplémentaire en 1888, les travaux sont poussés avec une telle activité que vers le milieu de l'année 1893, il ne reste plus dans le Département des Imprimés un seul volume qui ne soit coté, numéroté et représenté par des fiches dans les répertoires. L'inventaire général manuscrit est terminé.

Immédiatement une grosse question se pose. Comment, sous

quelle forme faut-il faire profiter le monde savant des résultats obtenus ? Une commission se réunit pour discuter et résoudre le pro-

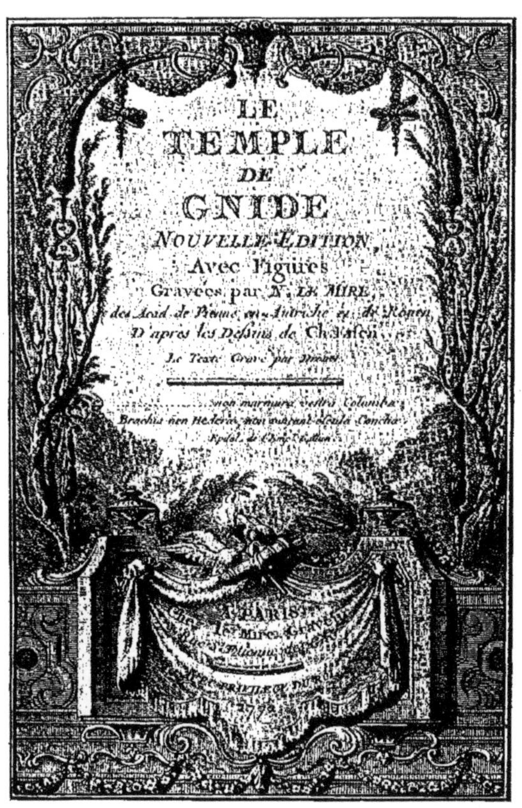
LE
TEMPLE
DE
GNIDE
NOUVELLE ÉDITION,
Avec Figures
Gravées par N. LE MIRE,
des Acad. de Vienne en Autriche et de Rouen
D'après les Desins de Ch. Eisen
Le Texte Gravé par Droüet
A PARIS
Chez le Mire, Graveur
1772

Montesquieu. Le Temple de Gnide. Paris, 1772. In-8° *Titre gravé* par Le Mire. (Réserve. Y². 1791).

blème. Diverses solutions sont proposées. On parle de copie, d'autographie ; mais il semble à la commission que l'œuvre accomplie mérite un autre couronnement, et l'impression en est votée à l'unanimité.

L'impression décidée, il restait à se procurer les ressources matérielles pour l'exécuter. La chose n'allait pas sans de sérieuses difficultés. Pendant plusieurs années, M. Delisle, avec une ténacité jamais lassée, harcèle les pouvoirs publics de ses demandes réitérées. Entre temps il fait publier, à l'aide de fonds prélevés à grand'-peine sur notre maigre budget, un volume d'essai pour montrer ce que veut et peut faire la Bibliothèque. La tentative réussit pleinement. Et en 1899, des crédits, — une vingtaine de mille francs, — ayant été accordés par le Parlement, et l'Imprimerie Nationale, avec un désintéressement qui l'honore, ayant consenti à se charger de l'entreprise à des conditions peu onéreuses, l'impression du plus vaste répertoire bibliographique qui soit au monde peut enfin commencer.

Grâce au savoir, au dévouement et au travail opiniâtre des fonctionnaires qui y sont attachés, l'œuvre se poursuit depuis six ans et à raison de quatre volumes par an, avec une régularité qui permet d'en prévoir l'achèvement dans une vingtaine d'années, un demi-siècle à peu près avant le terme que lui ont assigné quelques critiques aussi fantaisistes que mal renseignés.

Dans tous les cas, il est un reproche que le Catalogue général ne saurait encourir, c'est celui d'être jamais *arriéré*. D'abord on insère, jusqu'à la dernière minute, dans chaque tome, dans chaque feuille, toutes les nouveautés qui peuvent y être intercalées, de sorte qu'il s'y trouve des ouvrages relatifs aux plus récents événements. Et quant aux volumes et brochures qui, de par les hasards de l'ordre alphabétique, arrivent trop tard pour y être relevés, ils sont de suite portés à la connaissance des lecteurs par le moyen du supplément déjà existant du Catalogue général, c'est-à-dire par les Bulletins français et étranger. L'un de ces bulletins enregistre toutes les acquisitions récentes de livres étrangers, l'autre contient la liste de toutes les publications françaises offrant un intérêt suffisant au

Mal Berthier. Relation de la bataille de Marengo. Paris. 1806. In-4°.
Frontispice gravé par L. Pauquet.
(Réserve. Lb[43]. 135. B.)

moment où elles sont incorporées dans nos collections[1]. Dès leur

[1] Le *Bulletin français* enregistre également, dans des séries séparées, la liste de

apparition, tous deux sont immédiatement mis à la disposition du public. Mieux encore, et pour faciliter les recherches des travailleurs, à l'aide de découpures de ces bulletins, on a créé deux immenses répertoires classés, l'un suivant l'ordre alphabétique des noms d'auteurs, ou des premiers mots du titre quand l'ouvrage est anonyme, l'autre d'après l'ordre alphabétique des noms de matières. Ces deux répertoires, placés dans la salle de travail, sont constamment tenus à jour par des intercalations régulièrement faites ; ils apportent chaque mois aux lecteurs l'indication de ce qui échappe au Catalogue général, en même temps qu'ils leur fournissent le moyen d'en demander communication d'une façon complète et précise.

Quelque absorbés qu'ils aient été par la direction de tous les travaux de catalogues et d'inventaires, M. Taschereau et M. Delisle, n'en poursuivirent pas moins avec le zèle le plus éclairé et le plus vigilant, l'accroissement des richesses du dépôt dont la garde leur était confiée, et se montrèrent les dignes successeurs des grands bibliothécaires d'autrefois. En 1863, il est question de la vente de l'immense collection de livres, journaux et brochures relatifs à la Révolution formée par le comte de Labédoyère. M. Taschereau, qui en sait toute l'importance, veut à tout prix assurer à la Bibliothèque la possession de cette collection, la plus considérable et la plus complète, à coup sûr, qui ait jamais été réunie sur cette partie de notre histoire ; et, comme les ressources dont il dispose sont insuffisantes pour l'acquérir, il n'hésite pas à s'adresser à Napoléon III, qui lui accorde généreusement les 100 000 francs demandés. En 1861, c'est la partie révolutionnaire de la collection Hennequin ; en 1870, c'est la collection voltairienne de Beuchot, puis celle du Dr Payen sur Montaigne, qui viennent prendre place sur les rayons. Et nous ne

tous les livres anciens récemment acquis et celle des documents géographiques nouvellement reçus.

parlons pas des acquisitions faites aux grandes ventes d'alors, qui toutes apportent leur contingent de livres rares et précieux.

Th. Gautier. Les Jeunes-France. Paris, 1833. In-8°. *Frontispice* de Célestin Nanteuil. (Réserve. Y². 3115.)

Mais c'est surtout pendant l'administration de M. L. Delisle que les achats et les dons se multiplient. Le Département des Imprimés reçoit successivement : en 1884, les collections Schœlcher et Davilliers, la première relative aux colonies et à l'esclavage, la seconde consacrée aux Beaux-Arts ; en 1885, la collection voltairienne de M. Bengesco ; en 1887, l'importante collection d'ouvrages sur l'Amérique formée par M. Angrand, qui nous la lègue accompagnée d'une dotation destinée à la continuer ; une grande partie du cabinet d'Eugène Piot en 1891 ; en 1895, la bibliothèque de Renan offerte par Mme Calmann-Lévy ; en 1896, la collection musicale de M. Thierry-Poux et la collection napoléonienne du baron Larrey donnée par Mlle Dodu ; en 1900, la riche collection alsacienne de M. Ristelhueber, etc., etc. En 1891, un choix de plusieurs milliers de volumes vient de la bibliothèque de Compiègne supprimée ; à la même date c'est la bibliothèque toute entière de Fontainebleau, — plus de 40 000 volumes, — qui est rattachée par décret à la Bibliothèque Nationale. Et nous n'en finirions pas si nous voulions énumérer toutes les acquisitions faites aux ventes Didot, Pichon, Guyot de Villeneuve, etc., ou raconter les avantageux échanges conclus en France et même à l'étranger, qui valent au Département des Imprimés des trésors, comme le premier livre de Lyon et le premier livre de Limoges.

Cependant, à la longue énumération des victoires bibliographiques de M. Delisle, il est un dernier bulletin que nous serions impardonnable de ne pas ajouter. Renouvelant, à plus de deux siècles de distance, l'acte de générosité de Jacques Du Puy, M. Delisle, au moment où il a quitté l'établissement qu'il dirigeait avec tant d'éclat depuis plus de trente ans, lui a laissé l'importante collection qu'il a formée avec la science que l'on devine, et qui compte plus de 30 000 volumes. C'est pour le Département des Imprimés un cadeau doublement précieux et par le nom de son illustre donateur, et par les bons livres et les raretés bibliographiques qu'il renferme. Puisse un si noble exemple trouver beaucoup d'imitateurs !

III

L'EXPOSITION DE LA GALERIE MAZARINE

C'est encore pendant l'administration de M. Delisle, et presque à son début que fut installée, dans la Galerie Mazarine récemment restaurée, l'Exposition qui comprend, à côté des plus beaux manuscrits, une longue suite de livres précieux et de splendides reliures. Le soin de l'organiser, en ce qui concerne les Imprimés, fut confié à M. Thierry-Poux, conservateur du Département. Bibliographe consommé, il sut ingénieusement grouper, dans une série d'armoires et de vitrines numérotées, un choix de livres dont le classement permet de suivre aisément, à travers les siècles, dans les différents pays d'Europe et principalement en France, l'origine et le développement de l'imprimerie et de l'art de la reliure.

La place est ici trop mesurée pour qu'il soit possible de décrire en détail les richesses de cette Exposition. C'est du reste chose déjà faite, et M. Thierry-Poux en a rédigé le catalogue. Pour nous, notre rôle se bornera à signaler aux visiteurs les monuments les plus importants et les curiosités les plus rares.

L'exposition débute naturellement par les *xylographes*. On appelle impression xylographique toute impression obtenue en appliquant le papier, au moyen d'une brosse nommée frotton, sur une planche de bois gravée, préalablement enduite d'encre grise à la détrempe. Ces ancêtres du livre imprimé sont pour la plupart originaires des Pays-Bas et de l'Allemagne, où ils ont été exécutés pendant les trois premiers quarts du xv° siècle. L'armoire qui les renferme en compte plus de trente : *Bible des Pauvres*, *Apocalypse de saint Jean*, *Ars memorandi*, *Ars moriendi* sa version française, l'*Art au morier*, *la Ballade des Haulx Bonnets*, *les Bourdes*, etc., sans parler d'une planche de bois gravée ayant servi à l'impression xylographique d'une grammaire latine de Donat.

Puis viennent les impressions de Mayence; parmi les plus

Victor Hugo. Notre-Dame de Paris. 1844. gr. in-8°. *Couverture illustrée* de E. de Beaumont (Réserve. m. Y². 14)

célèbres, la Bible Mazarine, et les Psautiers de 1457 et de 1459. L'impression de la Bible Mazarine, ainsi nommée parce que c'est l'exemplaire du cardinal Mazarin qui, le premier, a servi aux travaux des bibliographes, est attribuée à Gutenberg. La Bibliothèque en

André Sciama. Paris en Sonnets. Paris, 1897. In-8°. *Couverture illustrée en couleurs* de Henriot.

(Réserve. p. Ye. 250.)

possède deux exemplaires, l'un sur vélin, l'autre sur papier ; ce dernier particulièrement précieux, à cause des notes manuscrites qui y ont été ajoutées et qui disent que Henry Cremer, vicaire de l'église de Saint-Étienne de Mayence, a achevé d'en enluminer et d'en relier les deux volumes, le premier le 24 août, le second, le 15 août de l'année 1456. Le Psautier de 1457 sort des presses de Jean Fust et Pierre Schoiffer, l'un, ancien ouvrier de Gutenberg, l'autre, son ancien associé. C'est le premier livre imprimé avec date. Non moins importante est son édition de 1459, dont un libraire anglais mettait un exemplaire en vente, il y a quelques années, au prix de 5 250 livres, soit 131 250 francs ! A remarquer encore dans la même vitrine le fragment de la grammaire latine de Donat, appelé *Donat de* 1451, parce que les deux feuillets dont il se compose couvraient un livre de comptes de 1451. D'après les récents travaux d'un savant allemand, M. Schwenke, l'impression de ce Donat remonterait à une date antérieure à 1448, et ce serait le premier livre imprimé par Gutenberg.

Ensuite se déroule une longue série de premières impressions et de chefs-d'œuvre typographiques dus aux grands imprimeurs d'Italie, d'Allemagne, de Hollande, de Belgique, d'Angleterre, etc., dont les noms, de même que les travaux, mériteraient tous d'être cités, mais que les limites imposées à cette notice obligent à passer sous silence. C'est parmi ces merveilles qu'est rangé le premier livre imprimé en français : *le Recueil des histoires de Troyes*, composé par Raoul le Fèvre, chapelain de Philippe le Bon, duc de Bourgogne, et vraisemblablement imprimé à Cologne d'après M. Thierry-Poux entre les années 1464 et 1467[1].

C'est seulement en 1470 que trois typographes allemands, Ulric Gering, Martin Krantz et Michel Friburger, appelés par Guillaume Fichet et Jean de La Pierre, installent leur première presse dans les bâtiments de la Sorbonne. La même année paraît leur premier livre : *Epistolarum liber*, de Gasparin de Bergame, qui est bientôt

[1] Traduit par Caxton, le célèbre typographe anglais, et imprimé par lui à Cologne vers 1471, l'ouvrage de Raoul Le Fevre est aussi le premier livre imprimé en anglais.

suivi de 21 autres, publiés en moins de trois ans. L'Exposition montre 16 de ces précieux ouvrages, rangés dans la même vitrine

Reliure aux armes de François Ier.
J. Tagault. De chirurgica institutione libri V. Paris, 1543. In-fol.
(Exposition, 384.)

que les premiers livres des premiers typographes de Strasbourg.

Gering et ses associés comptent bientôt de nombreux imitateurs, dont les œuvres les plus importantes se présentent à la suite des impressions de Sorbonne. Voici les noms des principaux: Pierre Cæsaris et Jean Stol, anciens apprentis de Gering; Pasquier Bonhomme, à qui l'on doit le premier livre en français imprimé à Paris : les *Chroniques de Saint-Denis*, 1476 (n. st. 1477) ; Vérard, l'illustre Vérard, dont les vélins admirables, ornés de superbes peintures, peuvent soutenir la comparaison avec les plus beaux manuscrits ; Philippe Pigouchet, qui a imprimé pour Simon Vostre tant de livres d'heures d'un art si achevé ; le savant Josse Bade ; Simon de Colines ; les Estienne, etc., etc.

De Paris, l'imprimerie s'est vite répandue en province, et l'on connaît actuellement 41 villes et localités de France, en dehors de Paris, qui ont eu des ateliers typographiques avant la fin du xve siècle. La Bibliothèque Nationale est fière de posséder le premier livre imprimé dans 39 de ces villes. En voici la liste, avec la date de l'introduction de l'imprimerie dans chacune d'elles, Lyon (1473), Toulouse (1476), Angers (1476, n. st. 1477), Chablis (1478), Vienne (1478), Poitiers (1479), Caen (1480), Albi (1481), Chartres (1482), Metz (1482), Troyes (1483), Chambéry (1484), Bréhant-Loudéac (1484), Rennes (1484, n. st. 1485), Tréguier (1485), Salins (1485), Abbeville (1486), Rouen (1487), Besançon (1487), Lantenac (1487, n. st. 1488), Embrun (1489, n. st. 1490), Grenoble (1490), Dôle (1490), Orléans (1490, n. st. 1491), Goupillières (1491), Angoulême (1491), Dijon (1491), Cluny (1492), Nantes (1493), Châlons (1493), Uzès (1493), Tours (1493, n. st. 1494), Mâcon (1493, n. st. 1494), Limoges (1495, n. st. 1496), Provins (1496), Valence (1496), Avignon (1497), Périgueux (1498), Valenciennes (1500). Seuls lui manquent le bréviaire de Narbonne, imprimé en 1491, actuellement conservé dans la bibliothèque municipale de cette ville, et le bréviaire d'Elne, imprimé à Perpignan en 1500, qui est l'un des joyaux de la bibliothèque Sainte-Geneviève.

A noter encore une série de livres à figures, chefs-d'œuvre d'Albert Durer, de Lucas Cranach, d'Holbein, de Geoffroy Tory, le grand

Reliure aux armes de Henri II.
Berlinghieri. Geographia. Florence, vers 1480. In-fol.
(Exposition, 390.)

artiste imprimeur de la Renaissance, de Jean Cousin, etc.; et une vitrine remplie de raretés bibliographiques telles que l'édition de

Rome (1493) de la Lettre de Colomb sur la découverte de l'Amérique; les livres avec signatures de Rabelais et de Montaigne; le Sophocle annoté par Racine; et le livre de Michel Servet : *Christianismi Restitutio* dont nous avons raconté plus haut la tragique histoire.

Après les merveilles de l'imprimerie, les merveilles de la reliure chronologiquement classées dans une série de vitrines qui font successivement passer devant les yeux des visiteurs les majestueux entrelacs de la Renaissance, les feuillages et les spirales fleuries des Eve, les riches décorations pointillées de Le Gascon, les sévères filets de Duseuil, les mosaïques de Monnier et les jolies dentelles des Padeloup et des Derome.

Dans ce magnifique ensemble, les reliures exécutées pour les rois et les reines qui se sont succédé sur le trône de France depuis le commencement du XVIe siècle jusqu'à la fin du XVIIIe, tiennent le premier rang. Au temps de Louis XII, elles portent sur les plats les armes de Bretagne et l'emblème du porc-épic; sous François Ier, la Salamandre et les F couronnés; les H et les D enlacés, et le triple croissant sous Henri II. Avec Henri III, elles sont ornées des armes de France et de Pologne, ou des instruments de la Passion, semis de larmes et têtes de mort. Pendant les règnes de Henri IV et Louis XIII, les armes de Navarre sont accolées aux trois fleurs de lis, qui demeurent seules frappées sur les livres royaux, de la fin de la minorité de Louis XIV à Louis XVI. La série des reliures faites pour les reines de France n'est ni moins complète, ni moins remarquable; elle va de Catherine de Médicis à Marie-Antoinette, et n'est composée que de véritables œuvres d'art.

A la suite, se présente un choix de reliures exécutées pour des papes et des souverains étrangers, pour des princes de la maison de France et d'illustres personnages; pour de grands ministres comme Richelieu, Mazarin et Colbert; pour de grands évêques comme Bossuet et Huet; pour de grands savants comme de Thou et Peiresc; pour de grands amateurs comme Grolier, Maioli et Marc Laurin. La vitrine des Grolier surtout est d'une richesse exceptionnelle. Elle contient plus de cinquante des livres de ce célèbre bibliophile, dont les reliures,

Reliure faite pour Catherine de Médicis.
J. Bassantin. Discours astronomiques. Lyon, 1557. In-fol.
(Exposition, 417.)

toutes ornées de sa fameuse devise, constituent, par leur merveilleuse ornementation et leur nombre, une collection sans rivale au monde.

Des reliures étrangères, italiennes, allemandes, anglaises et russes complètent heureusement l'Exposition qui s'arrête à la Révolution. Le XIXe siècle n'y est pas représenté; et l'on n'y trouve ni reliures aux armes de Napoléon Ier, aujourd'hui si recherchées, ni reliures aux armes de Louis XVIII et de Charles X, qui cependant abondent à la Bibliothèque. Mais le XXe siècle et son art nouveau y figurent déjà. Dès à présent on y peut admirer cinq superbes reliures, exécutées par Marius Michel et par Mercier, toutes richement doublées. C'est M. Henri Beraldi, un des maîtres de la bibliophilie contemporaine, qui les a généreusement offertes au Département des Imprimés, où viendront bientôt les rejoindre d'autres merveilles non moins libéralement promises. Et très prochainement l'Exposition comptera une nouvelle vitrine qui renfermera une série de chefs-d'œuvre des grands relieurs d'aujourd'hui.

Ce sont ces richesses incomparables, dont on n'a pu donner qu'un trop sommaire aperçu, qui ont fourni tous les éléments de l'illustration de cette notice. Cette illustration commence par plusieurs vues intérieures du Département des Imprimés et par les portraits de l'abbé Jean-Paul Bignon et de Van Praet, dont on a dit plus haut les éminents services. Elle continue par une suite de planches représentant, soit des pages extraites de quelques-uns des monuments typographiques les plus anciens et les plus importants, soit des titres et frontispices gravés, — voire même des couvertures —, pris parmi les plus caractéristiques des XVIe, XVIIe, XVIIIe et XIXe siècles. Enfin, elle se termine par la reproduction d'une série de reliures de provenance choisies parmi les plus remarquables que possède la Bibliothèque, série qui commence au règne de François Ier, pour finir à celui de Napoléon [1].

[1] Pour tous les documents qui figurent dans cette illustration, nous avons pris soin d'indiquer les numéros d'ordre qui sont affectés aux uns dans l'Exposition de la Galerie Mazarine, et les cotes sous lesquelles les autres sont rangés sur les rayons de la Réserve.

IV

ORGANISATION ACTUELLE

On a parfois appelé la Bibliothèque Nationale un océan de livres. La comparaison ne manque pas de justesse; et c'est vraiment un océan que l'immensité de volumes et de brochures que possède le Département des Imprimés, immensité sans cesse accrue par le flot toujours grossissant des publications nouvelles, sans que jamais aucun reflux la débarrasse des inutilités qui l'encombrent et qui pourraient en être distraites, sans inconvénient pour les lecteurs, sans dommage pour les collections.

Cet océan est alimenté par trois sources principales : le dépôt légal, les acquisitions et les dons, auxquelles, pour être complet, il faut ajouter deux sources d'un débit moindre, les échanges internationaux qui, avec les États-Unis surtout, donnent des résultats fort appréciables, et le dépôt international, dont le rendement est presque nul.

Annuellement, le Département des Imprimés reçoit en don environ 4 000 volumes et brochures, la plupart spontanément offerts, les autres sollicités par la Bibliothèque dans des termes qui en rendent le refus bien difficile. Entre 4 et 5 000 varie le nombre des ouvrages acquis, livres modernes imprimés à l'étranger et livres anciens dont le prix est généralement fort élevé. Ce résultat est obtenu avec des crédits qui ne dépassent guère 80 000 francs, et qui ne permettent pas d'acquérir tous les ouvrages qu'il serait nécessaire de se procurer, ni de souscrire à tous les périodiques qu'il serait intéressant de posséder. De là la nécessité de choisir. Et c'est à bien choisir que s'emploient de leur mieux les fonctionnaires chargés de cette tâche délicate, qui exige le soin le plus minutieux, une érudition étendue et une connaissance approfondie des langues étrangères.

Mais la source la plus abondante, et qui, par surcroît, a l'avantage de ne rien coûter, c'est le dépôt légal qui bon an mal an, apporte, venant de Paris ou de la province, de 20 à 25 000 articles, sans parler de 6

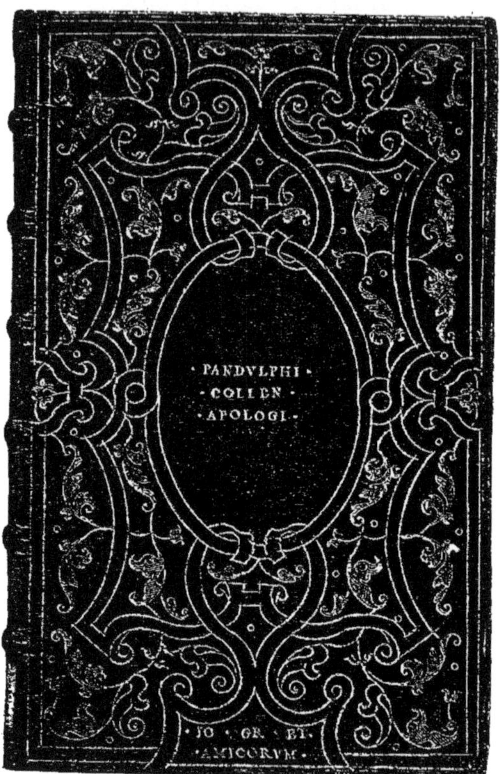

Reliure faite pour Grolier, célèbre bibliophile français du XVIe siècle.
Pandolfo Collenuccio. Apologi IIII. Rome, 1526. In-4°.
(Exposition, 525).

à 7 000 morceaux de musique et des innombrables numéros de journaux et de revues qui ne peuvent s'évaluer que par centaines de mille.

C'est à François Ier que l'on fait remonter l'origine du dépôt légal. Par ses lettres patentes du 28 décembre 1537, ce prince prescrivit aux

Reliure faite pour Grolier.
Comte B. Sangiorgio. Montis Ferrati marchionum et principum series. Trino, 1521. In-4°.
(Exposition, 536).

libraires de remettre un exemplaire de toutes leurs publications entre les mains du garde de sa librairie. En 1617, Nicolas Rigault fit rendre une déclaration qui ordonnait le dépôt à la Bibliothèque du Roi de deux exemplaires de tout livre imprimé. Colbert renouvela ces pres-

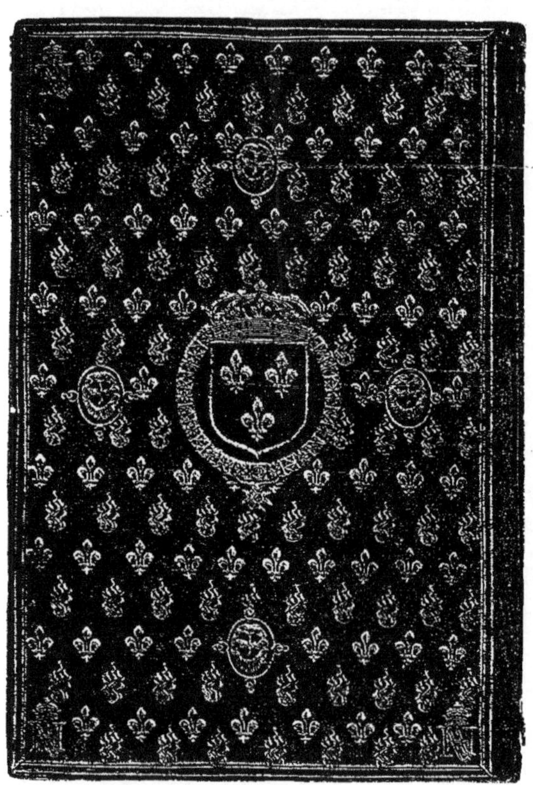

Reliure fleurdelisée aux armes de Henri III.
Le livre des statuts et ordonnances de l'ordre du Saint-Esprit (Déc. 1578). In-4°.
(Exposition, 426.)

criptions, Louvois en accentua la rigueur, et à maintes reprises l'abbé Bignon rappela à leur stricte observation les libraires qui s'en affran-

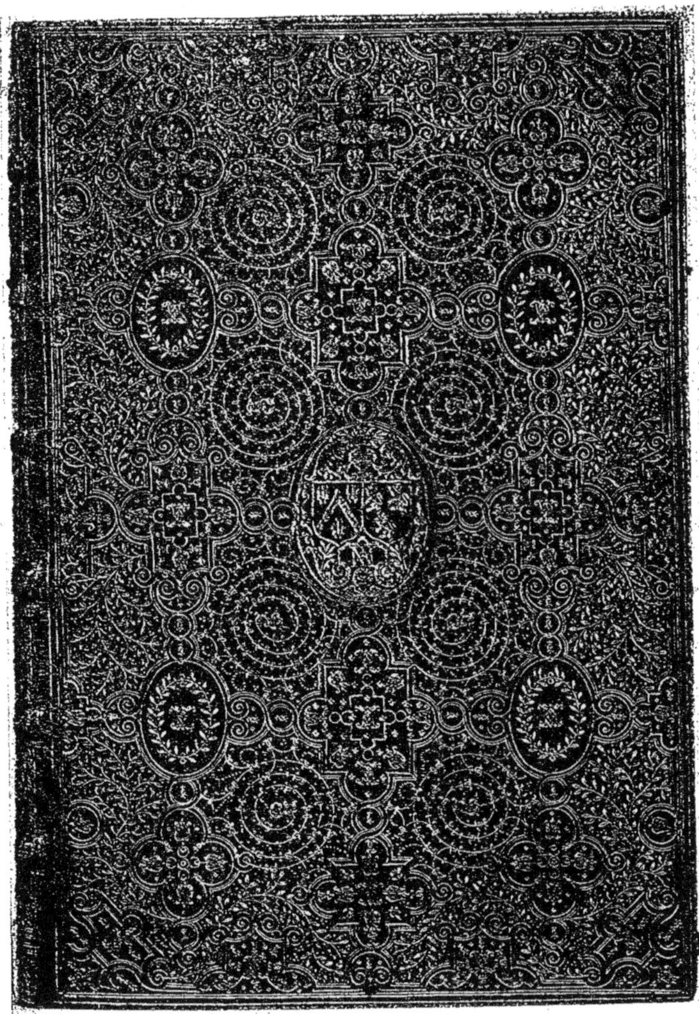

Reliure dite *à la fanfare*, aux armes accolées de J.-A. de Thou et de sa première femme, Marie de Barbançon.

P.-A. Matthioli. I. Discorsi ne i sei libri di Pedacio Dioscoride della materia medicinale. Venise, 1568. In-fol.

(Exposition, 560.)

chissaient. Malgré tout, il est malheureusement certain qu'elles furent irrégulièrement exécutées sous l'ancien régime, et que la Bibliothèque

Reliure fleurdelisée aux armes de Louis XIII (France et Navarre.)
Philothei Eliani Montalto archipathologia. Paris, 1614. In-fol.
(Réserve. Td[84]. 19.)

du Roi n'en retira pas tout le profit qu'elle en pouvait espérer.

Du reste, les choses n'ont guère changé depuis, et de nos jours encore, la législation du Dépôt légal présente de graves inconvénients, souvent signalés, et auxquels il devient de plus en plus

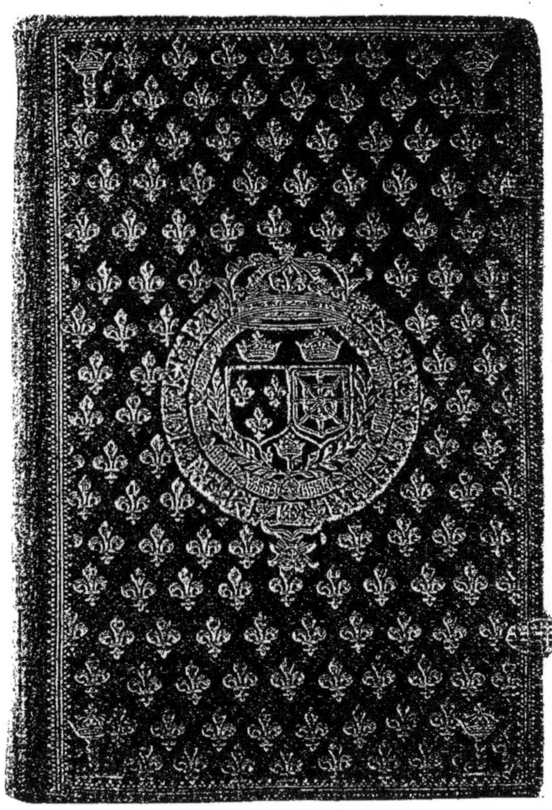

Reliure fleurdelisée aux armes de Louis XIII (France et Navarre.)
Le P. Ange de Raconis. Deux emblêmes, etc. Paris, 1627. In-8°.
(Réserve. D. 22112.)

urgent de porter remède[1]. Actuellement le dépôt légal est régi par

[1] Le délai à partir duquel court la prescription devrait être modifié, et la solidarité de l'éditeur et de l'imprimeur bien établie.

la loi du 29 juillet 1881. Elle prescrit le dépôt de tout imprimé : à Paris, au ministère de l'Intérieur ; dans les départements, à la pré-

Reliure aux armes de Louis XIV.
Th. Corneille. Psyché, tragédie. Paris, 1678. In-4°.
(Réserve. Yf. 1189.)

fecture ou à la sous-préfecture, qui doivent l'envoyer de suite au ministère de l'Intérieur. C'est donc à la place Beauvau que tous les vendredis un camion, — nous sommes loin de l'antique voiture à bras traînée par deux gardiens, — va prendre tous les livres arrivés

Reliure au chiffre de Marie-Thérèse d'Autriche, femme de Louis XIV.
Le P. Maurice Marin. La Vie de Sœur Marie de l'Incarnation. Paris, 1642. In-8°.
(Exposition, 472.)

pendant la semaine, pour les apporter à la rue de Richelieu. Là ils sont remis au bureau des Entrées, qui comprend les trois importants services du Dépôt légal, des Acquisitions et de la Reliure.

Le service du Dépôt légal, dont c'est la mission, procède, sans

Reliure aux armes de Louis XV.
Connaissance des temps pour 1761. Paris, 1759. In-8°.
(Réserve. V. 2192.)

tarder à la collation, à l'estampillage et à l'enregistrement des ouvrages qu'il reçoit. Ces diverses opérations rapidement faites, les livres sont aussitôt transmis au bureau du Catalogue, à moins qu'ils n'aient eu à souffrir de leur voyage à travers la France, ou de leur

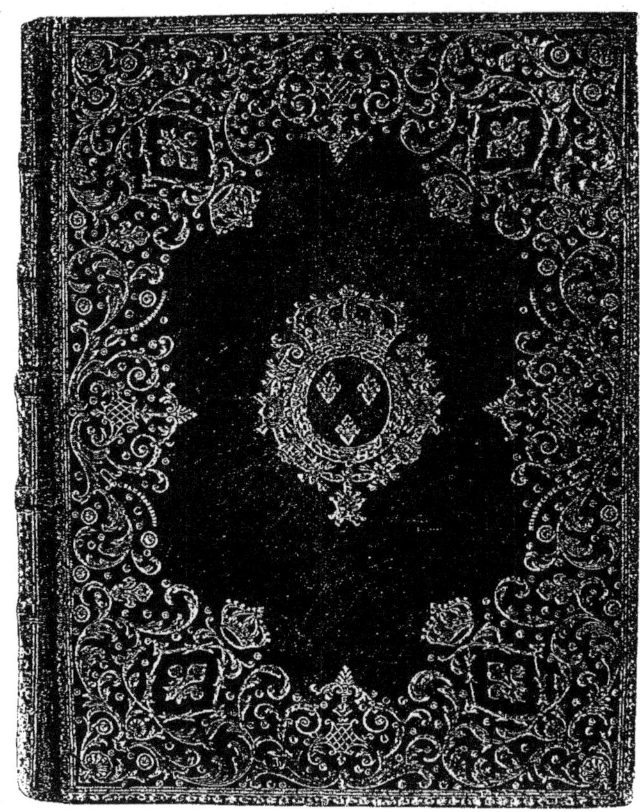

Reliure aux armes de Louis XV.
Béguillet. Traité de la mouture par économie. Paris, 1772. In-4°.
(Réserve. S. 718.)

promenade à travers Paris ; auquel cas il leur faut d'abord passer par le service de la reliure, qui leur octroie, selon leur importance et suivant la gravité de leurs blessures, une demi-reliure, — le cas est rare, — un modeste cartonnage, ou même un simple brochage. Pour cette besogne, le Département des Imprimés dispose, dans l'intérieur même de la Bibliothèque, d'un atelier composé d'ouvriers habiles et expérimentés qui sont chargés des restaurations les plus délicates et des réparations les plus urgentes; et au dehors, d'un certain nombre de relieurs attitrés dont les travaux doivent réunir deux conditions essentielles, la solidité et le bon marché. Car pour la reliure aussi, notre budget est mince, — 30 000 francs environ, — et nombreux sont les articles qu'une manipulation fréquente et parfois brutale nous oblige à traiter. Faut-il ajouter que, de par ce budget, les reliures de luxe sont interdites à la Bibliothèque, et qu'elle ne connaîtrait que de nom les œuvres d'art des maîtres d'à présent, si de généreux Mécènes ne lui en avaient offert de merveilleux spécimens?

Au bureau des Entrées, on s'est borné à enregistrer les ouvrages; au bureau du Catalogue, on va dresser leur état civil complet. C'est là en effet qu'ils sont répartis, — et la tâche exige une connaissance approfondie de tous les détails de notre cadre bibliographique, — entre les 30 grandes divisions méthodiques du Département des Imprimés, dont il nous a paru utile, si technique qu'elle puisse paraître, de donner la liste complète :

Théologie.

A. Écriture sainte ; *B*. Liturgie et conciles ; *C*. Pères de l'Église ; *D*. Théologie catholique ; *D*². Théologie non catholique.

Jurisprudence.

E. Droit canonique ; *E**. Droit de la nature et des gens *F*. Droit civil.

Histoire.

G. Histoire générale : *H*. Histoire ecclésiastique ; *J*. Histoire ancienne, etc. ; *K*. Histoire d'Italie ; *L*. Histoire de France ; *M*. Histoire d'Allemagne, etc. ; *N*. Histoire de la Grande-Bretagne ; *O*. Histoire d'Espagne et du Portugal ; *O*[2]. Histoire d'Asie ; *O*[3]. Histoire d'Afrique ; *P*. Histoire d'Amérique ; *P*[2]. Histoire d'Océanie ; *Q*. Bibliographie.

Reliure mosaïque de Monnier, au chiffre de Marie-Josephe de Saxe, mère de Louis XVI. Offices ou pratiques de dévotion. Paris, 1707. In-8°.
(Exposition, 659.)

Sciences et Arts.

R. Sciences philosophiques, morales et physiques ; *S*. Sciences naturelles ; *T*. Sciences médicales ; *V*. Sciences mathématiques, Beaux-Arts, etc. ; *Vm*. Musique.

Belles lettres.

X. Linguistique et rhétorique ; *Y*. Poésie ; *Y*[2], Romans ; *Z*. Polygraphie et mélanges.

Lorsque les ouvrages ont été marqués de la lettre qui désigne la série dans laquelle ils sont classés, et que dans cette série, ils ont reçu un numéro d'ordre, les titres en sont soigneusement relevés sur des fiches qui, imprimées, constituent les Bulletins français et étranger. Et après une dernière opération, le rondage, c'est-à-dire le collage sur les dos des volumes d'étiquettes reproduisant la lettre de série et le numéro, les livres sont prêts à franchir la dernière étape de leur voyage à travers nos bureaux, et à prendre leur place définitive dans les magasins.

A la Bibliothèque, on appelle *magasins* les vastes salles dans lesquelles sont rangés les millions de volumes qu'elle possède. Le Département des Imprimés en compte plusieurs. D'abord le magasin central, curieux avec ses étages superposés et ses planchers de fer qui le font ressembler à la machinerie de quelque transatlantique géant; puis les magasins annexes, dont les principaux sont la galerie des combles qui développe, en bordure de la rue Richelieu, ses 200 mètres de longueur, l'immense magasin de la rue Colbert, où les journaux de province reposent paisiblement sur des kilomètres de rayons, et surtout la galerie de la Réserve, qui renferme les ouvrages particulièrement précieux et remarquables par leur ancienneté, leur condition, leur rareté ou leur reliure, ainsi que la magnifique collection de vélins, — trois mille volumes, — dont Van Praet a dressé le catalogue[1]. Le service des magasins est assuré par seize agents chargés de rechercher dans les séries dont ils ont la surveillance et d'envoyer aussi rapidement que possible aux lecteurs les volumes

[1] C'est également dans la Réserve que se trouve l'armoire appelée *Enfer*, qui contient quelques centaines d'ouvrages licencieux, dont la communication est formellement réservée.

que tous les jours ceux-ci demandent par centaines, et qui bientôt seront apportés par un tapis roulant dans la salle de travail. L'éta-

Reliure mosaïque aux armes de Marie-Antoinette.
Torquato Tasso. La Gerusalemme liberata. Venise, 1745. In-fol.
(Exposition, 483.)

blissement de ce tapis roulant permettra d'accélérer le service des communications, dont la lenteur est due à l'installation défectueuse et à l'éloignement de quelques-uns des magasins, à l'immense développement des collections, et surtout à l'insuffisance de personnel.

Ouverte au public en juin 1868, la Salle de travail du Département des Imprimés se divise en deux parties distinctes, l'hémicycle et la salle proprement dite. Dans l'hémicycle sont installés les bureaux des conservateurs et bibliothécaires de service, des fonctionnaires chargés de la publication du Catalogue général, et de ceux qui sont attachés au service des Recherches[1], ainsi que les nombreuses armoires qui contiennent les fiches manuscrites, deux millions à peu près. Dans l'hémicycle fonctionne également le service du prêt, car la Bibliothèque prête des volumes au dehors, dans des limites extrêmement restreintes, fixées par les règlements. La mesure ne date pas d'hier. Pendant plusieurs années, Voltaire a été un de nos emprunteurs assidus. Et avec son nom, au XVIIIe siècle, on lit sur les registres du prêt les noms également célèbres de Montesquieu, Buffon, d'Alembert, Diderot, Condorcet, Marivaux, Mirabeau, Sieyès, etc. Durant le cours du XIXe siècle, on relève ceux de Napoléon III, pendant sa détention au fort de Ham, d'Alexandre Dumas, Sainte-Beuve, Renan, Taine, le duc d'Aumale, le duc de Broglie, Cavaignac, etc., etc. On voit que notre clientèle est choisie.

La salle proprement dite, tapissée de corps de bibliothèque que surmontent les peintures murales de Desgoffe, est garnie d'immenses tables où 344 lecteurs peuvent prendre place. Les deux tables les plus rapprochées du bureau des bibliothécaires sont réservées, l'une, celle de gauche, à la lecture de la dernière livraison reçue d'un certain nombre de publications périodiques, l'autre, celle de droite, à la communication des ouvrages de la Réserve, communication qui se fait sous la surveillance spéciale de l'agent préposé à ce service. Tout autour de la salle et dans l'allée centrale, 40 casiers facile-

[1] Le Service des recherches a pour mission de rectifier les bulletins de demande, trop souvent fautifs et incomplets.

ment accessibles au public contiennent des volumes qui peuvent être consultés sans demande préalable. Ce sont les ouvrages les plus

Reliure aux armes de Marie-Antoinette.
Chefs-d'œuvre dramatiques publiés par Marmontel. T. 1. Paris, 1773. In-4°.
(Réserve. Yf. 601.)

indispensables dans chaque ordre de connaissances : encyclopédies, dictionnaires, biographies générales, bibliographies, grandes collections, etc. Leur nombre, qui va sans cesse s'augmentant, dépasse certainement aujourd'hui 10 000, et la liste complète en est fournie par un catalogue très sommaire, mais très pratique, mis en divers endroits de la salle à la disposition du public.

Le nombre des lecteurs suit également une marche régulièrement ascensionnelle. Si l'on se reporte à l'année 1869, la première qui se soit écoulée complète après l'ouverture de la salle de travail, on constate que 46 336 lecteurs y sont venus consulter 171 712 volumes, tandis que l'an dernier, en 1905, 163 719 lecteurs l'ont fréquentée, et y ont eu communication de 534 169 volumes. Et bien entendu, dans ce chiffre ne sont pas compris les ouvrages que les lecteurs peuvent prendre eux-mêmes dans les 40 casiers dont on vient de parler. Au résumé, un public trois fois plus nombreux, et trois fois plus de livres demandés, voilà le résultat atteint en moins de quarante ans.

Il est juste de dire que la durée des séances a été sensiblement allongée. En 1869, la salle de travail était chaque jour ouverte à 10 heures et invariablement fermée à 4 heures; aujourd'hui l'ouverture des séances a lieu à 9 heures du matin, et la fermeture varie entre 4 et 6 heures du soir, suivant la durée du jour. Ajoutons encore que la Bibliothèque reste ouverte toute l'année, si ce n'est pendant la quinzaine qui précède Pâques, où elle est fermée pour cause de nettoyage général et de rangements intérieurs.

Pour avoir accès dans la salle de travail, il faut satisfaire à certaines conditions fixées par les règlements, et obtenir une carte d'admission délivrée par le secrétariat de la Bibliothèque; mais il est une autre salle, appelée Salle publique de lecture, située sur la rue Colbert, au premier étage, et dont l'entrée n'exige aucune formalité. Cette salle contient environ 40 000 volumes choisis parmi les ouvrages les plus usuels de théologie, de droit, d'histoire, de sciences et de belles-lettres, tous relevés dans un catalogue constamment tenu au courant. Les heures d'ouverture et de fermeture sont les mêmes qu'à la salle de travail, avec cette particularité toutefois

Reliure aux armes de Marie-Antoinette.
Didon, tragédie lyrique mise en musique par M. Piccini. Paris. In-fol.
(Réserve. Vm². 133.)

que la salle de lecture reste ouverte même le dimanche, mais de neuf à quatre heures seulement. Avec ses 110 places, en 1905, elle a reçu 44 812 lecteurs, à qui elle a communiqué 63 849 ouvrages.

L'installation de la salle publique de lecture n'est du reste que provisoire. Dès que seront terminés les bâtiments que notre éminent architecte, M. Pascal, construit en ce moment en bordure de la rue Vivienne, elle sera transportée, avec ses collections considérablement accrues, dans un local aussi vaste que celui de la salle de travail, et qui doit être pourvu de tous les perfectionnements modernes, jusques et y compris l'éclairage par la dangereuse électricité. Il est à espérer qu'à ce moment là la science toute-puissante se sera rendue maîtresse des courts-circuits, et qu'elle saura empêcher le retour de catastrophes semblables à celle qui, il y a quelques années, causa à la Bibliothèque de Turin d'irréparables dommages.

Le Département des Imprimés est dirigé par un conservateur assisté de trois conservateurs adjoints. Il compte 28 bibliothécaires, et sous-bibliothécaires, 6 stagiaires et quelques attachés rétribués à la journée, qui doivent s'armer de beaucoup de patience pour attendre le moment de leur titularisation. Le petit personnel se compose de 9 commis et d'une quarantaine de surveillants et de gardiens. Dans ces chiffres sont compris les fonctionnaires et les agents de la Section de géographie qui, en 1858, a été distraite du Département des Estampes pour être rattachée au Département des Imprimés.

V

LA SECTION DES CARTES ET COLLECTIONS GÉOGRAPHIQUES[1]

Une ordonnance royale du 30 mars 1828, contresignée Martignac, créait à la Bibliothèque un cinquième Département dont M. Jomard, de l'Institut, ancien membre de l'expédition d'Egypte, était nommé

[1] Cette partie a été rédigée sur des notes fournies par M. Gabriel Marcel, conservateur adjoint, chargé de la direction de la Section de géographie, où il continue dignement la tradition des Jomard et des Cortambert.

conservateur. Le *Dépôt géographique*, ainsi que fut tout d'abord appelé le nouveau Département, avait jusqu'alors fait partie du Cabi-

Reliure aux armes de Napoléon.
Mme Hortense Céré-Barbé. Maximien, tragédie. Paris, 1813. In-8°.
(Réserve, p. Yf. 44.)

net des Estampes; son histoire ne commence donc qu'à cette époque.

Avec un dévouement, une ténacité et une science géographique hors de pair, M. Jomard se consacra à l'organisation d'un dépôt qu'il considérait à juste titre comme son œuvre personnelle, et qui, bientôt rattaché au Département des Estampes, eut une ère de prospérité lorsque, de 1838 à 1846, une somme de 75 000 francs lui fut allouée sur les crédits extraordinaires attribués à la Bibliothèque par les Chambres.

C'est le moment des acquisitions sensationnelles, c'est l'époque où Jomard fait copier, dans les musées de l'étranger, nombre de documents comme les globes d'Apian et de Martin Behaim, dont les originaux étaient manuscrits. C'est alors aussi que les efforts de Jomard trouvent leur récompense dans les visites de tant de savants : astronomes, marins, géographes, géologues, explorateurs, qui contribuent généreusement par leurs dons au développement d'une collection dont ils sentent tout le prix. C'est enfin l'époque où entrent à la Bibliothèque les planches de l'*Ordnance Survey*, et toutes les cartes officielles qui se publient en France et à l'étranger. Les dons que, grâce à ses relations personnelles, Jomard a su provoquer, sont aussi nombreux que précieux, et l'on peut suivre les accroissements du Dépôt géographique dans les rapports qu'il publie tous les ans dans le *Bulletin de la Société de géographie*. Lorsqu'il s'éteint, plein de jours et de réputation (1862), M. Cortambert le remplace, avec le titre de bibliothécaire, à la tête du Dépôt géographique qui est devenu une annexe du Département des Imprimés sous le nom de *Section des cartes et collections géographiques*.

On sait qu'à la suite de la guerre de 1870, un mouvement d'enthousiasme pour la géographie se produisit en France. De grands progrès en cette science furent rapidement accomplis ; ils s'affirmèrent au Congrès de Paris en 1875, au succès duquel la Section géographique prit une part considérable, en organisant dans la Galerie Mazarine une exposition qui révéla toute la richesse de nos collections. C'est à dater de ce jour que le public se mit à reprendre le chemin de la Section, qui, en 1888, quitta le couloir obscur et incommode où jusqu'alors elle avait été reléguée, pour venir occuper les locaux abandonnés par le Département des Manuscrits.

La Section de géographie prouva sa vitalité en organisant en 1892, sous la direction de son chef, M. Gabriel Marcel, et avec l'aide du ministère de l'Instruction publique, pour la célébration du centenaire de la découverte de l'Amérique, une exposition très heureusement complétée par l'adjonction de documents empruntés au Dépôt hydrographique, au ministère de la Guerre, aux Archives Nationales et à quelques particuliers. Cette exposition eut un grand retentissement en France et à l'étranger, plus particulièrement aux États-Unis qui y trouvèrent nombre de cartes relatives aux établissements des Européens en Amérique.

Enfin, en 1897, la Bibliothèque ayant ouvert, à l'occasion du Congrès des orientalistes, une exposition de livres, de manuscrits et de médailles, la section y figura honorablement avec un certain nombre de documents.

Les catalogues publiés à l'occasion de ces exhibitions ont donné une idée des documents si variés et si précieux que renferme la section ; il est cependant bon de rappeler l'importante série de portulans qu'elle possède, et notamment ceux qui proviennent de M. de Santarem, ses globes du commencement du XVIe siècle d'une valeur documentaire si considérable, la série des plans manuscrits de forêts provenant de Buache, nombre de pièces gravées ou manuscrites uniques ou très rares comme la carte de Normandie de Jolivet, celle de l'Europe centrale du cardinal Cusa, et quantité d'autres cartes de provinces, de plans de villes ou de batailles et de sièges qui, aux points de vue archéologique et historique, sont chaque jour de plus en plus consultés. Le dépôt légal, les acquisitions en France et à l'étranger, ont enfin concentré dans la Section un ensemble de documents précieux qui en font le dépôt sinon le plus riche, du moins le plus considérable du monde entier.

Le personnel de la Section de géographie se compose d'un conservateur adjoint et d'un bibliothécaire, aidés de deux gardiens. Ces deux fonctionnaires ont à s'acquitter de multiples besognes. Il leur faut enregistrer les apports du dépôt légal, malheureusement trop peu nombreux; acheter, dans la mesure de leurs maigres crédits, les cartes qui se publient à l'étranger; surveiller les travaux de collage et de reliure; rédiger les fiches qui sont mensuellement insérées dans le Bulletin français; et enfin assurer le service des communications qui, en ces dernières années, se sont sensiblement accrues. En 1891, époque à laquelle la première statistique en a été dressée, le nombre des travailleurs s'éleva à 1 616, et celui des communications à 14 812; en 1905, 41 518 documents furent consultés par 2 108 personnes. En quinze ans à peine, le nombre des lecteurs s'est donc augmenté du tiers, et celui des communications a presque triplé. Et les chiffres jusqu'à présent connus de l'année 1906 continuent à accuser la même progression, à laquelle la compétence géographique de M. Gabriel Marcel et sa grande obligeance ont largement contribué.

Mars 1906.

Ordre donné par Charles V à son trésorier, Jean d'Orléans — avec signature et post-scriptum autographe — de payer, sans retard, à Nicolas Oresme, chargé de traduire deux traités d'Aristote, la somme de 200 francs d'or.

(Clair. 187, p. 28.)

LE

DÉPARTEMENT DES MANUSCRITS

Le Département des Manuscrits est le plus ancien des quatre Départements qui composent aujourd'hui la Bibliothèque Nationale. On sait, en effet, qu'avant d'être un établissement public ouvert aux travailleurs de tous les pays, la Bibliothèque Nationale a été la bibliothèque personnelle et privée des rois de France. Son histoire commence donc, théoriquement, avec les premiers temps de la monarchie, très longtemps, par suite, avant que l'imprimerie n'inondât le monde de ses produits. Toutefois, le premier noyau de ses collections actuelles ne paraît pas remonter au delà du règne de Louis XI. Tous nos rois n'ont pas été des bibliophiles; et plusieurs de ceux auxquels ce glorieux qualificatif peut être donné n'ont pris aucune mesure pour assurer la conservation et la transmission de leurs collections. Bien plus, certains en ont prévu la dispersion dans leurs dispositions testamentaires.

Le Département des Manuscrits, néanmoins, a recueilli, par des voies très diverses, de trop nombreux et trop précieux volumes de ces vénérables « librairies » — selon l'expression dont on s'est longtemps servi pour désigner une bibliothèque — pour qu'il ne soit pas naturel et légitime de leur consacrer le premier chapitre de son histoire.

I

JUSQU'AU RÈGNE DE LOUIS XI

Les plus anciens renseignements qu'on ait sur les manuscrits possédés par nos rois sont relatifs à Pépin le Bref, mais aucun des volumes qui lui ont appartenu ne paraît être arrivé jusqu'à nous. De Charlemagne, au contraire, il en reste plusieurs, et, en particulier, un précieux *Évangéliaire* (Nouv. acq. lat. 1203) — écrit sur son ordre, en 781, en onciales d'or sur vélin pourpre, par un scribe appelé Godescalc — qui forme, dans nos collections, la tête de série de nos livres royaux.

Ce volume n'est pas seulement un curieux spécimen de la paléographie de cette époque reculée ; les miniatures dont il est orné constituent des documents artistiques d'une grande importance. Ajoutons, enfin, que cet *Évangéliaire*, conservé jusqu'à la Révolution dans le trésor de Saint-Sernin de Toulouse, fut offert à Napoléon Ier, en 1811, par la municipalité de cette ville et qu'il doit à cette circonstance de rappeler deux des plus grands noms de notre histoire.

De l'atelier de copistes que Charlemagne organisa à sa cour sortirent de nombreux volumes, qui furent les uns groupés dans la

Bibliothèque organisée à Aix-la-Chapelle, ou gardés pour les besoins

Département des Manuscrits. — Salle de travail.

de l'école du palais, et les autres donnés aux grands monastères de l'empire. C'est ainsi que fut provoquée cette renaissance, qualifiée justement de renaissance Caroline, qui nous a légué non seulement de fort beaux exemplaires de livres sacrés ou liturgiques,

Évangéliaire de Charlemagne. — La source de vie.
(Nouv. acq. lat. 1203, fol. 3v°.)

mais a conservé la meilleure partie des œuvres de l'antiquité latine.

A la mort de Charlemagne, sa collection fut dispersée. Eginhard raconte qu'il donna l'ordre de la vendre et d'en distribuer le prix aux pauvres. Mais son fils Louis le Pieux, qui semble avoir, sur ce point, partagé ses goûts, en forma une autre, dont l'importance est attestée par divers témoignages. En ont fait partie nos manuscrits latins 8850 (*Évangéliaire* envoyé à l'abbaye de Saint-Médard de Soissons) et

Évangéliaire de Louis le Débonnaire. — Son portrait.
(Lat. 8850.)

9575 (*Commentaire sur la Genèse* écrit, en 811, à Chasseneuil en Poitou). Charles le Chauve continua la tradition. Les deux *Bibles* (Lat. 1 et 2) qui lui furent offertes et le *Psautier* (Lat. 1152), que le scribe Liuthard écrivit pour lui, sont depuis longtemps rangés parmi les chefs-d'œuvre de la calligraphie et de l'art au IXe siècle.

Les derniers Carolingiens ne paraissent pas avoir partagé le goût de leurs prédécesseurs. On n'a, en tout cas, recueilli sur les manus-

Bible de Charles le Chauve. — Le roi David.
(Lat. 1, fol. 215 v°.)

crits qu'ils ont pu posséder aucun renseignement qui mérite d'être cité. Il faut, pour cela, descendre jusqu'à saint Louis. Deux chroniqueurs, Geoffroy de Beaulieu et le confesseur de la reine Marguerite, nous apprennent qu'il avait réuni dans une pièce de la Sainte-Chapelle un certain nombre de volumes et constitué une véritable bibliothèque. Il venait y travailler, à ses moments de loisir, et y admettait ceux qui lui en faisaient la demande. Vincent de Beauvais y travailla et c'est là, sans doute, qu'il trouva les principaux éléments de sa célèbre encyclopédie. Mais, pas plus que Charle-

Psautier de saint Louis. — Destruction des idoles et sacrifice de Gédéon.
(Lat. 10 525.)

magne, saint Louis n'eut la préoccupation d'assurer l'avenir et l'intégrité de sa collection. Il la partagea entre quatre communautés religieuses. Parmi les très rares débris qui nous en sont parvenus, il convient de signaler le splendide *Psautier*, orné de très nombreuses miniatures, qui est conservé sous le n° 10 525 du fonds latin.

Ses successeurs, de Philippe le Hardi à Philippe VI, possédèrent bien quelques manuscrits, ceux tout au moins qui leur furent dédiés ou offerts, mais aucun ne manifesta pour eux de goût particulier. Le roi Jean, au contraire, semble les avoir aimés avec passion. Il avait avec lui, à Poitiers, lorsqu'il y fut battu et fait prisonnier, en 1356, une belle *Bible historiale*, que possède aujourd'hui le Musée Britan-

Album de Villard de Honnecourt, architecte français du XIIIe siècle.
Hommes luttant contre des lions.
(Franç. 19 093, fol. 26 v°.)

nique, et un riche exemplaire des *Miracles de Notre-Dame* de Gautier de Coincy, qui après avoir été racheté aux Anglais, peu de temps après la bataille, passa dans la collection du duc de Berry et est venu finalement échouer à la bibliothèque du grand séminaire de Soissons.

Mais toutes ces collections ne sont rien auprès de celle que forma Charles V, et qui lui a valu d'être considéré comme le véritable fondateur de la Bibliothèque du Roi. Il est le premier, en effet, à avoir eu l'idée d'organiser une bibliothèque, non plus seulement pour satisfaire ses goûts personnels, mais pour fournir aux savants des instruments de travail. Aussi, Christine de Pisan, qui put la voir et en profiter, en parle-t-elle dans les termes les plus élogieux : « Ne

Inventaire, par Gilles Malet, de la librairie de Charles V, au Louvre. — Rouleau.
(Baluze, 397, n° 703.)

dirons-nous... du roy Charles, le grant amour qu'il avait à l'estude et à science ! Et qu'il soit ainsi, bien le remontroit par la belle assemblée de notables livres et belle Librairie qu'il avoit de tous les plus notables volumes qui par souverains auteurs aient été compilés...

moult bien escrips et richement adornez ; et tout temps les meilleurs escripvains que on peust trouver occupez pour lui en tel ouvrage... » Charles V, toutefois, ne se contenta pas de recueillir des manuscrits ou d'en faire copier. Il fit traduire, en français, « pour le proufit et utilité du roiaume et de toute la chrestienté », tous les ouvrages qui passaient alors pour les meilleurs. La lettre qu'il adressa à son trésorier Jean d'Orléans, au sujet d'un paiement à faire à Nicolas Oresme, pour des traductions d'Aristote, montre toute la passion avec laquelle il suivait ce travail. Il ne se contente pas, en effet, du texte écrit, comme d'habitude, par l'un des notaires de sa chancellerie ; il confirme son ordre par une note pressante, ajoutée de sa propre main, au bas de la pièce, ainsi qu'on peut le voir dans le fac-similé que nous en donnons.

Charles V parvint ainsi à former une bibliothèque de près de 1200 volumes, ce qui est énorme pour le temps. Il en mit quelques-uns dans diverses résidences, à Beauté-sur-Marne, à Melun, à Vincennes et à Saint-Germain-en-Laye, mais la partie de beaucoup la plus importante, celle qui constitua, à proprement parler, la Librairie royale, resta à Paris. Après avoir été d'abord logée dans le palais de la Cité, elle fut transportée, en 1368, soit convenance, soit nécessité, dans une tour du Louvre, la tour de la Fauconnerie — depuis tour de la Librairie — dont deux pièces avaient été spécialement préparées pour la recevoir. Ces deux pièces devinrent insuffisantes et on dût en aménager une troisième. Un compte nous apprend qu'on y utilisa, dans la mesure du possible, le mobilier du palais de la Cité : bancs, roues et pupitres. Les murailles furent couvertes d'un lambris fait de « bois d'Irlande », c'est-à-dire de bois de sapin, qui avait été donné par le sénéchal de Hainaut. Les fenêtres reçurent, à l'extérieur, une garniture en treillis de fil d'archal destinée à les protéger contre les « oiseaux et autres bêtes ». Félibien et Sauval racontent bien qu'une lampe d'argent et trente petits chandeliers furent suspendus aux voûtes, afin de permettre le travail de nuit, mais c'est là une erreur. Le document dans lequel ils ont pris ce renseignement concerne la grosse tour, ou tour des Joyaux, et non pas la tour de la Librairie.

Psautier du duc de Berry. — Saint Pierre, miniature attribuée à André Beauneveu.
(Franç. 13091, fol. 20.)

Peu de temps après avoir ainsi déplacé ses livres, Charles V se préoccupa d'en faire rédiger un inventaire. Et il confia ce soin à Gilles Malet, son valet de chambre, dont il avait fait le garde de sa librairie. Le travail fut terminé en 1373. Il fut repris, en 1411, à la mort de Gilles Malet, par Jean Le Bègue, greffier de la Chambre des Comptes, et par Oudart Boschot, au nom d'une commission qui reçut la double mission de vérifier la gestion du garde défunt et de dresser

Grandes Heures du duc de Berry. — Noces de Cana, chiffre et emblèmes du duc.
(Lat. 919, fol. 37.)

un état des volumes confiés à son successeur. Grâce à ces deux inventaires, dont plusieurs copies nous sont parvenues, on peut se faire une idée assez précise de cette merveilleuse collection. Mais on a, en même temps, le regret de constater que ce qui nous en est parvenu en représente à peine la dixième partie.

Livre des merveilles de Marco Polo. — Exemplaire offert par Jean sans Peur au duc de Berry.
(Franç. 2810, fol. 1.)

Sous Charles VI, la Librairie du Louvre s'augmenta d'un certain nombre de volumes. Ses accroissements, toutefois, ne compensèrent pas, à beaucoup près, les pertes qu'elle subit. Malgré le goût qu'il paraît avoir eu pour les livres, ce roi ne fit rien pour assurer la conservation de ceux qu'il possédait. On sait, au contraire, qu'il négligea presque toujours de réintégrer dans la collection royale les manuscrits qu'il en retira, soit pour son instruction personnelle, soit plutôt pour son amusement. Ce fâcheux exemple trouva naturellement dans la famille royale plusieurs imitateurs, et la belle Bibliothèque que Charles V avait formée avec tant d'intelligence et de goût, perdit bien vite une bonne partie de ses trésors. En 1425, ce qui en restait fut acheté par le duc de Bedford et envoyé par lui, semble-t-il, au château de Rouen et en Angleterre. Mais ces restes furent eux-mêmes dispersés, dans des circonstances qu'on ignore, sans doute après la mort du duc, survenue en 1435.

Au nom de Charles V doit être associé celui de son frère le duc de Berry, Jean, car il ne fut pas moins passionné pour les beaux livres. C'est de lui que nous viennent quelques-uns des manuscrits qui sont rangés, à juste titre, parmi les joyaux de notre dépôt. La Librairie qu'il forma ne réunit pas un aussi grand nombre d'ouvrages que celle du Louvre, mais sa composition témoigne d'un goût plus fin et plus délicat. Pour l'ornementation des volumes qu'il fit exécuter il s'adressa aux meilleurs artistes de son temps. C'est pour lui que Jacquemart de Hesdin, André Beauneveu et Pol de Limbourg composèrent leurs plus belles œuvres. Aussi, ce qui reste, en particulier, de l'admirable série de ses *Psautiers* et de ses *Livres d'heures* compte-t-il parmi ce que l'art de l'enlumineur et du calligraphe a produit de plus parfait. Les plus luxueux de ses volumes portent non seulement ses armes : *de France à la bordure engrelée de gueules*, et sa devise : *Le temps venra*, mais ses animaux symboliques : l'*ours* et le *cygne navré*, et un chiffre composé des lettres *V* et *E*, dont on n'a pas donné jusqu'ici d'explication satisfaisante. En tête ou à la fin de quelques-uns d'entre eux se trouvent, en outre, sa signature autographe : *Jehan* et de majestueuses inscriptions de son secrétaire, Jean Flamel. A sa mort, toutes ces merveilles furent vendues pour payer les dettes énormes dont sa succession se trouva grevée.

Un autre frère de Charles V, le duc de Bourgogne, Philippe le Hardi, eut aussi le goût des livres et se constitua une Librairie personnelle. Mais comme cette Librairie n'eut pas l'importance des précédentes et comme, d'ailleurs, la Bibliothèque Nationale n'en a recueilli que quelques volumes, il n'y a pas lieu de s'y arrêter ici. Disons seulement qu'elle a formé, avec les accroissements qu'elle dût à Jean sans Peur, à Philippe le Bon et à Charles le Téméraire le premier noyau de la bibliothèque de Bruxelles.

II

DE LOUIS XI A LA RÉVOLUTION

Charles VII, ne fit rien, et on ne peut pas trop s'en étonner, pour reconstituer la Librairie du Louvre, mais Louis XI ne s'en préoccupa pas davantage, et cela est surprenant. Il ne profita pas, en effet, comme il l'aurait pu, des occasions que les événements lui fournirent : en 1469, la condamnation du cardinal Balue ; en 1472, la mort du duc de Guyenne ; en 1477, le désastre de Charles le Téméraire et la condamnation de Jacques d'Armagnac, duc de Nemours, qui tous avaient formé d'intéressantes collections.

Louis XI, cependant, donna des encouragements à divers traducteurs, copistes et enlumineurs. Et parmi ces derniers se trouvait Jean Foucquet, de Tours, l'artiste célèbre auquel on doit la presque totalité de l'illustration de l'exemplaire des *Antiquités et guerre des Juifs* de Flavius Josèphe, dont le tome I est conservé sous le n° 247 du fonds français et dont le tome II, considéré longtemps comme perdu, a été retrouvé il y a trois ans et vient de nous être offert (1906) par le roi d'Angleterre Edouard VII.

Aussi Charles VIII ne recueillit-il dans la succession de son père

Antiquités des Juifs de Josèphe. — Écroulement des murs de Jéricho, miniature de Jean Foucquet.
(Franç. 247. fol. 89.)

qu'un petit lot de volumes. Il l'augmenta de ceux que sa mère, Charlotte de Savoie, avait possédés, de ceux qu'il fit copier ou dont il reçut l'hommage, et surtout, à la suite de l'expédition de 1495, d'une notable partie de la riche Bibliothèque que les rois Aragonais de Naples avaient formée. C'est parmi les volumes de cette dernière provenance que se sont rencontrés les premiers manuscrits grecs qui

Miracles de Notre-Dame (xvᵉ siècle). — Pèlerine se rendant au Mont Saint-Michel et surprise par la mer, sauvée par la Vierge.
(Franç. 9199, fol. 37 v°.)

soient entrés dans la Bibliothèque royale. De cette expédition Charles VIII rapporta, en outre, un magnifique exemplaire des poésies de Pétrarque (Italien 548) dû à la plume du célèbre calligraphe italien Antonio Sinibaldi, qui lui fut offert, en novembre 1494, à son passage à Florence. Ce sont tous ces manuscrits qui ont été le véritable noyau de nos collections actuelles.

Avec le règne de Louis XII commence pour la Bibliothèque du Roi une période plus active, pendant laquelle se précise chaque jour

Miracles de Notre-Dame (xve siècle). — Chrétien qui emprunte à un juif et donne un crucifix en gage.
(Franç. 9199, fol. 42 v°.)

davantage l'idée, que nous avons vue apparaître sous Charles V, qu'elle doit être considérée comme un établissement public et non plus comme le résultat d'une fantaisie personnelle, dont la trace peut disparaître avec celui qui se l'est offerte. Nos Rois eurent, dès lors, peu à peu la préoccupation non seulement de transmettre à leurs successeurs les collections qu'ils tinrent de leurs prédécesseurs, mais de les enrichir. Pour ce faire, Louis XII n'eut d'ailleurs qu'à continuer une tradition familiale.

Heures du Roi René. — Son portrait.
(Lat. 1156 A, fol. 81 v°.)

Sa Bibliothèque de Blois, à laquelle il réunit les volumes laissés, non pas au Louvre, mais à Amboise par Charles VIII, datait de plus d'un siècle. Elle avait été commencée par Louis d'Orléans, la victime de Jean sans Peur, et continuée par son fils Charles, le poète bien connu. Ce dernier s'en occupa, en effet, malgré les tristesses d'une captivité de vingt-cinq ans (1415-1440), et en assura la conservation

Statuts de l'ordre de Saint-Michel. — Exemplaire fait pour Louis XI ; miniature attribuée à Jean Foucquet.

(Franç. 19 819.)

avec un soin jaloux. En 1428, les Anglais ayant menacé Blois, afin de tenter un dernier coup contre la puissance de Charles VII, il ordonna aux fidèles officiers qui en avaient la garde de la transporter à La Rochelle; et elle y resta, hors de toute atteinte, jusqu'en 1436, date de sa réintégration. Un certain nombre de manuscrits portent sa signature et des notes sur leur provenance. On apprend ainsi que

Recueil de prières (xve siècle). — Portrait sur bois de Charles VIII, dans l'épaisseur du premier plat de la reliure.
(Lat. 1190.)

l'un d'eux, qui contient divers traités de médecine (Lat. 6868), fut gagné par lui à son médecin, Jean Cailleau, dans une partie d'échecs.

Le futur Louis XII n'avait que trois ans lorsque son père mourut, mais sa mère Marie de Clèves, dont les goûts littéraires sont connus, se chargea de lui conserver une collection dont elle savait le prix. Aux livres de Charles VIII vinrent bientôt s'ajouter, dans la

Heures de Charles VIII. — Saint Denis, miniature attribuée à Jean Bourdichon.
(Lat. 1370, fol. 212v°.)

Bibliothèque du nouveau Roi, deux collections précieuses — la collection des ducs de Milan et celle de Louis de Bruges — dans lesquelles avaient été réunis de nombreux spécimens des produits les plus délicats de l'art du miniaturiste dans les Flandres et en Italie.

Dans la collection que les Visconti et les Sforza de Milan avaient

formée au château de Pavie, et que Louis XII s'appropria, en 1499 ou 1500, se trouvait, en outre, une importante série de manuscrits

Heures d'Anne de Bretagne. — Anne de Bretagne entourée de ses saintes patronnes, miniature de Jean Bourdichon.
(Lat. 9474.)

qui provenaient de François Pétrarque, l'illustre poète, et portaient des annotations de sa main. La collection de Louis de Bruges, seigneur de La Gruthuyse, comprenait, elle, beaucoup de livres français ornés de très belles miniatures. On regrette de ne pas connaître les circonstances qui permirent à Louis XII d'en faire l'acquisition.

Heures d'Anne de Bretagne. — Miniature du calendrier.
(Lat. 9474.)

La Bibliothèque de Blois eut, dès lors, une importance qui lui valut, de la part de plusieurs contemporains, de pompeux éloges. Claude de Seyssel la qualifie de « très magnifique et très singulière » et un ambassadeur de la ville de Bologne qui la visita en 1508 la proclame la première du monde.

Pendant que les ancêtres de Louis XII formaient une Bibliothèque à Blois, ceux de François Ier, issus comme ceux-ci de Louis d'Orléans, le petit-fils de Charles V, en réunissaient une autre à Cognac. Jean d'Orléans, appelé aussi Jean le Bon, comte d'Angoulême, fut, en effet, un bibliophile aussi passionné que son frère Charles. Et on voit, par les manuscrits de sa bibliothèque qui ont pu être identifiés, qu'il ne se contentait pas de les ouvrir et de les feuilleter, mais qu'il les lisait très attentivement et les annotait. Plusieurs sont même entièrement écrits de sa main. Son fils Charles partagea les mêmes goûts et si une mort prématurée ne lui laissa pas le temps de les faire partager par ses deux enfants, François et Marguerite, sa veuve, Louise de Savoie, s'acquitta intelligemment de ce soin.

On n'a pas assez remarqué le zèle, attesté par plusieurs manuscrits, avec lequel cette princesse s'occupa de l'instruction du futur Roi de France et développa chez lui, de très bonne heure, le goût des lettres et des arts. Grâce à elle, François Ier se trouva merveilleusement préparé à comprendre et à utiliser, dès le début de son règne, les judicieuses observations que J. Lascaris et Guillaume Budé lui présentèrent sur l'intérêt des manuscrits et sur les meilleurs moyens à employer pour s'en procurer. C'est à leur instigation, semble-t-il, qu'il conçut et réalisa le projet de former à Fontainebleau une collection de manuscrits grecs. Pour son exécution, il employa non seulement ses ambassadeurs successifs à Venise ou en Italie : Jean de Pins, Georges d'Armagnac et Guillaume Pellicier, mais encore des voyageurs comme Pierre Gille et Guillaume Postel, et des Grecs ou Italiens réfugiés, comme Jérome Fondule, Antoine Eparque, Ange Vergèce et quelques autres. Les manuscrits que François Ier fit ainsi acheter et copier, à grands frais, affluèrent si vite et en si grand nombre que la collection royale dépassa bientôt en importance les collections les plus réputées d'alors, telles que celles des Médicis, à Florence, ou de la République de Venise.

La Bibliothèque de Blois, dont le dominicain Guillaume Petit, chapelain du Roi, dressa, en 1518, un inventaire alphabétique, n'en continua pas moins à subsister et à s'accroître. C'est à elle, en effet, que furent envoyés, en 1523, à la suite de la confiscation des biens du connétable de Bourbon, les livres que divers membres de cette famille avaient réunis, depuis près de deux siècles, dans leur château de Moulins. Les maîtres de là Librairie qui eurent la garde de la Bibliothèque de Blois paraissent en avoir facilité l'accès avec une très grande libéralité. On sait même, par la mention qui a été conservée de « cédules » ou reçus, que différentes personnes furent autorisées à y faire des emprunts.

Mais la préférence, que François Ier marqua, toujours, pour la Bibliothèque installée à Fontainebleau, devait naturellement le conduire à y faire transporter celle de Blois. Ce n'est, toutefois, qu'à une date assez avancée du règne, en mai-juin 1544, qu'il opéra cette fusion. La surveillance du transfert fut confiée à Mellin de Saint-Gelais, et on possède encore, dans le manuscrit français 5660, l'inventaire qui fut dressé à cette occasion et servit à ce dernier pour son récolement. Cette réunion fit de la Bibliothèque de Fontainebleau l'une des plus riches de l'Europe. Elle devint aussi l'une des plus belles, car rien ne fut négligé pour que les reliures, dont beaucoup de volumes durent être revêtus, ne répondissent par leur élégance à la valeur des textes ou à la splendeur des exemplaires. Ajoutons, enfin, que François Ier ne se contenta pas pour favoriser le grand mouvement de renaissance littéraire qui se produisit sous son règne, de mettre à la disposition des humanistes sa précieuse collection, mais qu'il poussa très activement à la publication des textes qui y furent découverts et subventionna les imprimeurs qui acceptèrent de l'entreprendre.

Sous Henri II, la Bibliothèque de Fontainebleau continua à prospérer. L'attention du Roi, toutefois, se porta plus sur les reliures que sur les manuscrits. On estime, en effet, qu'il fit relier plus de

Heures d'Henri II. — Henri II touchant les écrouelles.
(Lat. 1429.)

huit cents volumes. Parmi les manuscrits qui furent composés pour lui, il convient de signaler son livre d'*Heures* (Latin 1429) qui est incontestablement, tant par l'harmonie des couleurs que par la justesse du dessin, l'un des chefs-d'œuvre de l'art du miniaturiste au XVIe siècle.

Sa femme, au contraire, Catherine de Médicis, se montra, toute sa vie, passionnée pour les lettres et les arts. En même temps qu'une remarquable collection de bijoux, de tableaux et de bibelots de

Heures dites d'Henri IV (XVIe siècle). — La Vierge, sainte Anne et saint Joachim.
(Lat. 1171, fol. 27.)

toute espèce, elle se forma une bibliothèque particulière aussi intéressante par le choix des textes que par leur antiquité. La meilleure partie des manuscrits qu'elle renfermait venait du maréchal Strozzi, tué au siège de Thionville, en 1558, dont Catherine avait revendiqué la bibliothèque comme ayant appartenu à un membre de la famille des Médicis. Or, dans cette bibliothèque se trouvait la précieuse collection de manuscrits que le maréchal avait achetée, en 1550, aux héritiers du cardinal Nicolas Ridolfi, neveu du pape Léon X. Qui ne connaît, enfin, le merveilleux livre d'*Heures* de cette reine conservé aujourd'hui au musée du Louvre, parmi les trésors de la galerie d'Apollon ! Mais pour faire face aux dépenses considérables dans lesquelles sa passion l'entraîna, Catherine de Médicis fut obligée d'emprunter ; et à sa mort, survenue en 1589, ses créanciers, n'ayant pas encore été remboursés, firent saisir tous ses meubles, y compris sa bibliothèque. Le président de Thou, qui était mieux en mesure que personne d'en apprécier la valeur, intervint auprès d'Henri IV et le décida à la rattacher purement et simplement à la Bibliothèque royale ; mais les lettres patentes qu'il obtint, en 1594, ne purent être exécutées qu'en 1599, l'affaire ayant été portée devant le Parlement.

Les goûts de Catherine de Médicis et d'Henri II ne furent partagés par aucun de leurs enfants. François II et Charles IX ne firent pour la collection royale rien qui mérite d'être cité. Quant à Henri III, il ne semble pas avoir davantage aimé les manuscrits, bien qu'il reste un certain nombre de reliures à son chiffre et à ses armes. S'il fallait même en croire Le Laboureur, il n'aurait pas tenu à lui que l'un des plus beaux volumes du XIVe siècle, le manuscrit des *Statuts de l'ordre du Saint-Esprit au Droit Désir ou du Nœud*, institué à Naples, en 1352, par Louis de Tarente, roi de Sicile (Français 4274) ne fût détruit. Après s'en être servi, en 1578, au moment de la création de l'ordre du Saint-Esprit, il aurait donné l'ordre, resté heureusement sans effet, de le jeter au feu. Quel pénible souvenir pouvait donc lui rappeler ce manuscrit, qui lui avait été offert à Venise par la République, lorsqu'il y fut reçu à son retour de Pologne ?

L'acquisition des manuscrits de Catherine de Médicis ne fut pas la seule dont la Bibliothèque royale profita, pendant le règne d'Henri IV, mais elle fut de beaucoup la plus importante. On ne saurait, en effet, lui comparer, malgré son intérêt, et bien qu'elle

Jacques-Auguste de Thou (1553-1617), maître de la Librairie du Roi, d'après D. Du Moustier, gravure de Sébastien Vouillemont.

comprît un certain nombre de manuscrits de la Bibliothèque des rois de Naples, la collection formée au château de Gaillon par différents membres de la famille d'Amboise. Cette collection, d'ailleurs, ne fut pas immédiatement rattachée à la Bibliothèque royale. Elle contribua à la formation d'un dépôt particulier appelé *Cabinet du Roi*, qui fut installé au palais du Louvre et dura jusqu'au règne de

Louis XV. Ce dépôt comprenait, en plus des manuscrits dont le Roi pouvait avoir personnellement besoin, des objets de tout genre de nature à satisfaire la curiosité de la Cour. C'est de la bibliothèque de Gaillon qu'est venu le si remarquable manuscrit du xvie siècle, connu sous le nom d'*Heures* d'Henri IV (Lat. 1 171), bien qu'il n'ait pas été fait pour lui, auquel nous avons emprunté l'une des miniatures qui accompagnent notre travail.

Si le Parlement de Paris fit quelques difficultés, assez compréhensibles, en fin de compte, pour laisser mettre à exécution les lettres patentes d'Henri IV relatives à la bibliothèque de Catherine de Médicis, il se montra plus accommodant, lorsqu'il s'agit d'assurer aux collections royales l'un des plus précieux manuscrits que les religieux de Saint-Denis eussent encore dans leur trésor. Le bruit ayant couru, en effet, que ces derniers cherchaient à vendre la *Bible* célèbre (Lat. 2) que l'abbaye devait à la munificence de Charles le Chauve, un arrêt du 20 août 1595 en décida la remise à la Bibliothèque du Roi.

Ces décisions montrent combien s'était précisée, au cours de ce siècle, l'idée que la Bibliothèque royale était un établissement d'intérêt général, et non plus seulement la bibliothèque privée des rois de France. Cette idée avait, d'ailleurs, trouvé sa confirmation sous Charles IX, dans le transfert depuis longtemps réclamé par les lettrés, de la Bibliothèque de Fontainebleau à Paris, où elle fut logée, non pas dans un palais royal, mais successivement au collège de Clermont, dans une grande salle du cloître des Cordeliers, et enfin dans une dépendance de ce couvent, avec une entrée particulière rue de La Harpe. Ce n'est qu'en 1666 qu'elle fut transportée rue Vivienne, et de 1721 à 1724, dans les locaux du palais Mazarin, qu'elle occupe encore.

Le règne de Louis XIII fut marqué par l'achat en 1622, à la suite d'une décision du Conseil d'État, des manuscrits, au nombre de quatre cents environ, de la famille Hurault, et en 1638, de la collection, dite de *Brienne*, que le secrétaire d'État, Antoine de Loménie, avait formée pour l'instruction et les besoins de son fils. Mais cette dernière collection, dans laquelle avaient été réunis, en copie, dans un ordre méthodique, tous les documents jugés les plus utiles pour

Heures de la duchesse de Lorraine, écrites par Jarry. — Jésus et la Chananéenne.
(Franç. 14 851, fol. 1 v°.)

la connaissance et la direction des affaires publiques, fut gardée par Richelieu d'abord et par Mazarin ensuite, et n'entra à la Bibliothèque du Roi qu'après la mort de ce ministre.

Sous Louis XIV, les acquisitions furent nombreuses et importantes. L'honneur, toutefois, en revient bien moins au souverain, qui s'y intéressa cependant, qu'aux deux ministres Colbert et Louvois, qui eurent la Bibliothèque royale dans leurs attributions et employèrent leur autorité, non seulement à provoquer la libéralité

Heures de Guillaume, marquis de Bade. — Portrait du possesseur, au pied de la croix miniature de Frédéric Brentel. (1647).
(Lat. 10 568, fol. 12.)

des donateurs, mais à stimuler le zèle des agents qui travaillèrent, tant en France qu'à l'étranger, à en enrichir les collections. Colbert, surtout, s'occupa d'elle avec autant d'habileté que d'ardeur et profita de toutes les occasions que les circonstances firent naître. Il ne limita pas, il est vrai, ses efforts à l'intérêt exclusif de la Bibliothèque royale et fit, dans la dernière partie de sa vie, tout au moins, plus d'une concession fâcheuse au souci de ses propres collections; mais cette sollicitude partiale ne doit pas être jugée trop sévèrement, parce qu'elle a assuré la conservation de nombre de documents voués à une destruction fatale. Ces collections, d'ailleurs, ne furent pas perdues

Ordre donné par Gaston d'Orléans au Gouverneur de la Bastille de faire tirer sur les troupes de Louis XIV, au combat du faubourg Saint-Antoine (2 juillet 1652).
(Baluze 208, fol. 59.)

pour la Bibliothèque du Roi, car celle-ci put, en 1732, entrer en la possession de tous les manuscrits et documents qu'elles comprenaient. Pour expliquer, enfin, la faveur dont jouit la Bibliothèque royale, pendant ce long règne, il convient de rendre hommage à la science, à l'activité et à la considération de certains des hommes — savants ou gardes — qui eurent à s'occuper d'elle, comme les frères Dupuy, Pierre de Carcavy, Nicolas Clément, Jean Boivin et les Bignon.

La première acquisition qu'elle fit, après l'avènement de Louis XIV, fut celle d'une partie de la collection des frères Dupuy. Cette collection, commencée au XVIe siècle par Claude Dupuy et continuée par ses deux fils, Jacques et Pierre, comprenait, en dehors de nombreux imprimés, 260 manuscrits anciens, précieux pour la plupart, et une énorme quantité de lettres et de pièces historiques, juridiques ou littéraires. Par testament en date du 25 mai 1652, Jacques Dupuy, le dernier survivant, légua au Roi ses imprimés et ses manuscrits

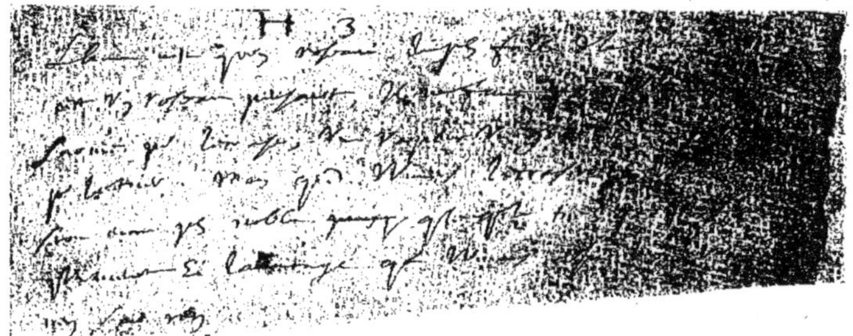

Manuscrit autographe des Pensées de Pascal. — Pensée sur l'homme.

« L'homme n'est qu'un roseau, le plus faible de la nature, mais c'est un roseau pensant. Il ne faut pas que l'Univers entier s'arme pour l'écraser ; une vapeur, une goutte d'eau suffit pour le tuer. Mais quand l'Univers l'écraserait, l'homme serait encore plus noble que ce qui le tue, parce qu'il sait qu'il meurt et l'avantage que l'Univers a sur lui : l'Univers n'en sait rien ».

(Franç. 9 202, fol. 63.)

anciens, mais la livraison n'en fut opérée qu'en 1656, après sa mort. De Thou hérita du reste de la collection, qui comprenait déjà 798 volumes in-folio et un certain nombre de liasses. Après avoir subi diverses vicissitudes, cette collection tomba fort heureusement, en 1720, en la possession du procureur général Joly de Fleury, qui la céda au Roi, en 1754. Elle a, depuis lors, conservé son intégrité et perpétué, par son titre de collection *Dupuy*, le glorieux souvenir de ses fondateurs.

Le legs de Jacques Dupuy fut suivi, à quelques années d'intervalle, d'un don qui ne présenta pas une moindre importance. En 1662, Hippolyte, comte de Béthune, offrit à Louis XIV l'incomparable recueil de documents originaux sur l'histoire de France, de Louis XI à Louis XIII, que son père Philippe et lui avaient formé, et dont ils avaient préparé la conservation avec un soin matériel dont on n'avait pas encore vu d'aussi bel exemple. Tous ces documents, en effet, pièces diverses ou lettres originales, avaient été collés sur des feuillets de même format, classés par matières ou par règnes, et réunis en volumes de même taille, au nombre de 1923, dont la reliure en maroquin rouge était uniformément ornée des armes de Béthune : *d'argent à la fasce de gueules, accompagnée d'un lambel à 3 pendant de même* et du chiffre : *PP* couronnés, de leur premier propriétaire. Ils ne forment plus aujourd'hui, dans notre dépôt, de série spéciale ; leur contenu a néanmoins permis de les laisser à peu près groupés, dans la première partie du fonds français.

La mort du maître des requêtes Gilbert Gaulmyn, survenue le 8 décembre 1665, fournit à la Bibliothèque l'occasion d'augmenter, dans une proportion notable, le nombre de ses manuscrits orientaux. A ses héritiers elle n'acheta pas moins de 461 manuscrits arabes, persans ou turcs et de 127 manuscrits hébreux.

On sait que Mazarin disposa de sa bibliothèque en faveur du collège des Quatre-Nations, à la fondation duquel il avait employé une bonne part de son immense fortune. Or, dans cette bibliothèque se trouvait un nombre considérable de manuscrits, dont les meilleurs provenaient de Peiresc, de Du Tillet, de Gabriel Naudé et d'Alexandre Petau. Pour les faire entrer à la Bibliothèque du Roi, Colbert eut l'idée de les échanger, ainsi que divers imprimés, contre d'autres ouvrages imprimés, moins rares sans doute, mais indispensables aux maîtres du nouvel établissement. Un arrêt du Conseil d'État, du 12 janvier 1668, accepta et sanctionna ce projet, et les collections royales de la rue Vivienne s'enrichirent ainsi d'une série de manuscrits dont le nombre s'élevait au chiffre respectable de 2156.

Pendant la seconde partie du règne, les acquisitions de la Bibliothèque du Roi ne furent pas moins intéressantes. Des dons, échanges

Jean-Baptiste Colbert (1619-1683), surintendant des Bâtiments du Roi, dans la dépendance duquel fut mise la Librairie royale.
Gravure de Nantouil, d'après Philippe de Champaigne.

ou achats y firent successivement arriver tout ou partie des manuscrits recueillis par le médecin Jacques Mentel (1669), par l'historien Mézeray (1683), par l'archevêque de Reims, Ch.-M. Le Tellier (1700), par le docteur de Sorbonne, Antoine Faure (1701), par les Bigot, de Rouen (1706), par Melchissédec Thévenot (1712), par l'orientaliste

Antoine Galland (1715) et surtout par le fameux collectionneur Roger de Gaignières (1715).

« On a peine à comprendre, dit Le Prince, dans son *Essai historique sur la Bibliothèque du Roi*, comment un seul homme, dont la fortune était bornée, avait pu rassembler chez lui et mettre en ordre tant de pièces différentes, imprimés, manuscrits, estampes, etc., et se former un cabinet rare et précieux qui fut pendant longtemps l'admiration des curieux. » C'est que Gaignières a profité, avec une ardeur et une perspicacité rares, des merveilleuses occasions que faisaient naître l'ignorance et l'indifférence de ses contemporains. En 1711, sentant sa fin approcher, il fit don de toute sa collection au Roi, mais s'en réserva l'usufruit. Il mourut le 27 mars 1715. La conduite que tint à son égard, pendant les dernières années de sa vie, Clairambault, chargé, depuis le don, de dresser les inventaires nécessaires et de veiller à la conservation des collections, ne fut pas à l'abri de tout reproche. Non seulement il soumit Gaignières à un véritable espionnage, mais il abusa de sa situation pour s'approprier un certain nombre de pièces qu'il désirait depuis longtemps. Le Cabinet de Gaignières n'entra donc pas intact à la Bibliothèque du Roi. Il fut, d'ailleurs, disloqué en 1740 et partagé entre les quatre Départements qui avaient été constitués, à la suite du récolement de 1720.

Le règne de Louis XV ne fut pas moins heureux pour la Bibliothèque du Roi que celui de Louis XIV. Mais il serait trop long de passer en revue les collections qui s'ajoutèrent, pendant cette période, à celles dont nous venons de parler. Il suffira d'en signaler quelques-unes.

En 1717, Charles d'Hozier, juge d'armes de France, céda, moyennant une pension viagère, le Cabinet généalogique que son père Pierre et lui avaient formé. C'est ce Cabinet qui a été le noyau des collections généalogiques et nobiliaires qui furent groupées, dans une série célèbre appelée *Cabinet des Titres*, dont l'autonomie a duré jusqu'à ces dernières années.

En 1719, furent achetés les manuscrits et les papiers d'Etienne Baluze, que sa légataire, une dame Lemaire, avait mis en vente,

Etienne Baluze (1630-1718), bibliothécaire de Colbert. Gravure de S. Thomassin, d'après H. Rigaud.

après en avoir fait imprimer le catalogue (3 vol. in-12). Ces manuscrits et ces papiers étaient fort curieux. Baluze, en effet, a été, à la fois, un savant de premier ordre, dont les travaux compteront, toujours, parmi les meilleurs qu'ait produits l'érudition française, et un collectionneur très avisé, qui a su merveilleusement profiter des circonstances, pour recueillir et sauver les documents les plus précieux. Son attention s'est portée aussi bien sur les documents des temps modernes que sur ceux du moyen âge. Et on en a la preuve dans la conservation de l'ordre fameux, dont le fac-similé est page 104, qui fut donné au gouverneur de la Bastille, le 2 juillet 1652, jour du combat du faubourg Saint-Antoine, par Gaston d'Orléans — et non par Mlle de Montpensier, comme on le répète constamment — de faire tirer les canons de la forteresse sur les troupes royales.

Baluze ne collectionna pas que pour son compte personnel. Il mit sa science profonde et son étonnante activité au service de Colbert, dont il fut le bibliothécaire, pendant plus de trente ans. Or, un heureux hasard a permis que les très nombreux manuscrits qu'il a recueillis pour son maître vinssent, peu d'années après les siens, prendre également place sur les rayons de la Bibliothèque du Roi. C'est en 1732, en effet, que le comte de Seignelay, devenu par héritage propriétaire de l'admirable collection formée par son grand oncle, offrit au Roi tous les manuscrits qu'elle contenait (près de 8 000) et reçut en échange une somme de 300 000 livres.

C'est, enfin, pendant la seconde partie du règne de Louis XV et pendant tout le règne de Louis XVI, que fut organisée cette vaste entreprise du Cabinet des Chartes, à laquelle le Département des Manuscrits doit l'une de ses collections historiques le plus souvent consultées. En 1759, un avocat, qui devint plus tard historiographe du Roi, J.-N. Moreau, soumit au contrôleur général des finances, qui l'accepta, un projet de bibliothèque spéciale, dans laquelle devaient être rassemblés tous les documents d'ordre administratif, dont celui-ci pouvait avoir besoin. Les recherches furent, au début, si actives et si heureuses, qu'au bout de deux ans, la bibliothèque ainsi formée, et qu'on appela Dépôt de législation ou Bibliothèque des finances, possédait déjà un nombre fort considérable de volumes imprimés et de pièces manuscrites.

A cette première collection, Moreau eut alors l'idée d'en ajouter une seconde, d'ordre historique, qui devait, en quelque sorte, lui servir de commencement et de base. Le ministre Bertin trouva le projet excellent et s'employa personnellement à en faciliter la réalisation. C'est ainsi que fut décidée, en 1762, la création du Cabinet des Chartes, c'est-à-dire la formation d'une immense série de copies de chartes sur toutes les époques de notre histoire et sur toutes les régions de notre pays, et que, pour organiser ce Cabinet, fut institué un comité appelé Comité des Chartes, dans lequel siégèrent successivement presque tous les travailleurs qui se sont fait un nom dans l'érudition française : Sainte-Palaye, Foncemagne, Bréquigny, dom Clément, dom Grenier, dom Poirier, dom Brial, La Porte du Theil, etc., etc. Ce Comité se mit à l'œuvre, tout de suite, mais il eut de la peine, pour certaines provinces — car le travail ne fut naturellement pas limité aux dépôts de Paris — à trouver des collaborateurs compétents. Quelques-uns de ceux dont il s'assura le concours n'apportèrent pas, en outre, à l'accomplissement de leur besogne, toute la science et toute l'activité qu'on aurait souhaitées. Ce vaste dépouillement présente, par suite, de nombreuses lacunes ; il n'en reste pas moins, tel qu'il est, un répertoire extrêmement commode. Les 40 000 chartes dont des copies furent ainsi exécutées, dans d'innombrables dépôts d'archives, sont aujourd'hui rangées par ordre chronologique et ne remplissent pas moins de 284 volumes.

Les recherches portèrent aussi sur divers dépôts étrangers. Bréquigny fut envoyé à Londres et y explora les archives, si riches pour notre histoire, de la Tour de Londres et du Musée Britannique. La Porte du Theil fut chargé, à Rome, d'une mission semblable. La série des Archives du Vatican, sur laquelle se porta plus particulièrement son attention, fut celle des registres pontificaux, d'Innocent III à Boniface VIII. Il n'y copia pas moins de 8 000 lettres. Et il ne s'en tint pas à ce travail ; il rédigea des notices sur plus de 2 000 manuscrits conservés dans diverses bibliothèques, dont le contenu pouvait présenter quelque intérêt pour l'histoire de France.

A ces notes et copies vinrent s'ajouter quelques documents originaux provenant des collections de Blondeau de Charnage, des pièces et inventaires d'archives des Pays-Bas, qu'un conseiller de Besançon, Courchetet d'Esnans, avait fait transcrire, et enfin les papiers de La Curne de Sainte-Palaye sur la langue et la littérature françaises.

Ce travail gigantesque fut interrompu par la Révolution. Un décret du 14 août 1790 ordonna le transfert à la Bibliothèque du Roi de toutes ces pièces et de tous ces documents. On les groupa dans une seule collection, à laquelle on donna le nom de collection *Moreau*, en souvenir de celui qui avait été l'âme de cette grande œuvre.

Le règne de Louis XVI ne fut, en outre, marqué que par l'achat de 247 manuscrits de la célèbre bibliothèque du duc de La Vallière, et d'environ 600 quintaux de parchemins provenant de la Chambre des Comptes.

III

DE LA RÉVOLUTION A NOS JOURS

La Révolution ouvrit pour le Département des Manuscrits une ère de prospérité. Par suite de la suppression des établissements religieux et de la confiscation des biens des émigrés, une quantité considérable de manuscrits tomba dans le domaine de l'État. Et ce fut naturellement la Bibliothèque Nationale qui fut appelée, à Paris, à recueillir les collections des différentes maisons religieuses, telles que les Grands-Augustins, les Blancs-Manteaux, les Cordeliers, les Jacobins, les Minimes, les Missions Étrangères, l'Oratoire, Saint-Magloire, Saint-Victor, la Sorbonne, et surtout Saint-Germain des Prés.

Hymne des Marseillais.

Allons, enfans de la patrie,
Le jour de gloire est arrivé :
Contre nous de la tyrannie
L'étendard sanglant est levé.
Entendez-vous dans les campagnes
Mugir ces féroces soldats ?
Ils viennent jusques dans nos bras
Égorger nos fils, nos compagnes !
Aux armes, citoyens ! formez vos bataillons :
Marchez, qu'un sang impur abreuve nos sillons.

Amour sacré de la patrie !
Conduis, soutiens nos bras vengeurs.
Liberté ! liberté chérie,
Combats avec tes défenseurs.
Sous nos drapeaux que la victoire
Accoure à tes mâles accens ;
Que tes ennemis expirans
Voient ton triomphe et notre gloire.
Aux armes, citoyens ! formez vos bataillons,
Marchez, qu'un sang impur abreuve nos sillons

Rouget de Lisle

Couplets de la *Marseillaise*, d'après l'exemplaire autographe envoyé par Rouget de Lisle à David d'Angers.

(Nouv. acq. franç. 4 200.)

De toutes ces collections, en effet, la plus importante — et de beaucoup — était celle de Saint-Germain des Prés, qui comprenait plus de 9 000 manuscrits. A l'ancien fonds de l'abbaye, qui s'était constamment accru, s'étaient ajoutées, au cours du XVIIe et du XVIIIe siècle, diverses séries provenant, les unes de couvents, les autres, en plus grand nombre, de particuliers. C'est ainsi que cette bibliothèque avait recueilli tout ou partie des collections des abbayes de Corbie et de Saint-Maur-des-Fossés, de l'abbé d'Estrées, archevêque de Cambrai, de H.-Ch. de Camboust-de-Coislin, évêque de Metz, d'Eusèbe Renaudot, du chancelier Séguier, du cardinal de Gesvres, d'Achille de Harlay et de bien d'autres. Ce merveilleux ensemble fut porté à la Bibliothèque Nationale, en 1795 et 1796. Des cinq séries : *Coislin*, *Saint-Germain latin*, *Saint-Germain français*, *Saint-Germain-Gesvres* et *Saint-Germain-Harlay*, entre lesquelles les manuscrits étaient répartis, une seule, celle de *Coislin*, subsiste aujourd'hui. Les quatre autres ont été disloquées en 1865. Les manuscrits qui, au moment du transfert, n'avaient pas encore trouvé place dans ces divisions, ceux qui provenaient du cabinet de Caumartin, en particulier, furent versés dans les fonds latins et français et dans la collection du Parlement. La masse énorme de papiers de tout genre réunis par les Bénédictins, pour les besoins de leurs publications — l'abbaye de Saint-Germain des Prés étant devenue le centre de leurs travaux — et qui n'avait pas été classée, fut mise dans une série nouvelle, appelée *Résidu*, dont l'autonomie cessa, en même temps que pour les séries précédentes.

Cette période de grands accroissements prit naturellement fin avec les événements dont elle avait été la conséquence. Ce n'est pas à dire, toutefois, que le Département des Manuscrits n'ait pas fait, au cours du XIXe siècle, de nombreuses et importantes acquisitions, mais ces acquisitions qui, par leur ensemble, le maintiennent toujours à la place d'honneur qu'une tradition séculaire lui a assurée, ne sauraient être comparées à la plupart de celles qui viennent d'être passées en revue. Si nous ne pouvons ici les énumérer toutes, il ne sera pas, néanmoins, sans intérêt d'en signaler brièvement quelques-unes. Ce sont autant de renseignements qui permettront de se faire une idée plus complète de la richesse de notre dépôt.

Parmi ces collections, plusieurs sont dues à des travailleurs et à des savants et ont, par suite, un caractère personnel plus marqué. Aussi se sert-on plus volontiers pour les désigner de l'expression de papiers. Tels sont les papiers de Mouchet, acquis en 1807, ceux de dom Villevieille, sur la Bourgogne, la Touraine et diverses provinces, acquis en 1811, ceux de dom Caffiaux et de l'abbé de Camps, acquis en 1812 et 1815, ceux du président Levrier sur le Vexin, acquis en 1818, ceux de Millin, acquis en 1821, ceux de dom Vaissète et dom Devic sur le Languedoc, acquis en 1823, ceux de Chérin, acquis en 1830, ceux de l'abbé Lépine sur le Périgord, acquis en 1831, ceux de Joly de Fleury, acquis en 1836, ceux d'Hudson Lowe sur la captivité de Napoléon à Sainte-Hélène, acquis en 1846, et enfin ceux de Margry sur la marine et les colonies, acquis en 1895.

En même temps qu'il recueillait ces papiers, le Département des Manuscrits s'assurait la possession de la partie manuscrite presque entière de la collection dramatique de M. de Soleinne (1844), des manuscrits orientaux qu'Eugène Burnouf avait pu réunir (1854), d'une belle série de manuscrits wisigothiques provenant de l'abbaye de Silos, en Espagne, mis en vente à Paris en 1878, de quelques-uns des manuscrits de la collection Didot (1878-1884) et de ceux de la collection Desnoyers (1888).

En 1882, M. L. Delisle obtenait, en outre, de la municipalité de Cluny la cession de ce qui lui restait de chartes et de manuscrits anciens de l'abbaye du même nom, et en janvier 1888, il réussissait à faire rentrer en France les manuscrits des fonds Libri et Barrois de la collection Ashburnham, dont il avait établi l'origine frauduleuse.

Il n'est, sans doute, pas nécessaire de rappeler que ces manuscrits, parmi lesquels se trouvait le vénérable *Pentateuque* de Tours — précieux monument de la paléographie et de l'art au VIIe siècle — avaient

Pentateuque de Saint-Gatien de Tours (VIIe siècle). — Fin du déluge, sacrifice de Noé. (Nouv. acq. lat. 2334, fol. 10vo.)

été soustraits, plus de quarante ans auparavant, à divers dépôts publics de Paris et des départements.

Tout récemment, enfin, le Département des Manuscrits a pu acheter, en bloc, grâce à un crédit extraordinaire qui lui a été très libéralement voté par le Parlement, la riche collection de manuscrits arabes, turcs, persans, formée par M. Charles Schefer (1899). Il a acquis, en outre, aux différentes ventes dont les collections Ashburnham et Phillipps ont été l'objet à Londres, de 1901 à 1903, quelques-uns des manuscrits qui présentaient le plus d'intérêt pour l'histoire de notre pays.

Mais ce n'est pas seulement à son maigre budget que le Département des manuscrits doit l'augmentation régulière de ses collections. Il la doit aussi à une suite déjà considérable et toujours continuée de donateurs et de Mécènes, auxquels il n'est que juste de rendre un public hommage. Ce sont, parmi les Mécènes et en nous en tenant aux principaux et aux plus récents, le duc d'Otrante, dont la rente annuelle de 4 000 francs, léguée par lui à la Bibliothèque Nationale, fut aliénée en 1887, pour l'acquisition des manuscrits Libri et Barrois ; M. le duc de la Trémoille, dont la générosité a permis l'achat d'un certain nombre de manuscrits à peintures et de manuscrits de liturgie et d'histoire littéraire ; et enfin Mme la baronne James de Rothschild, dont les libéralités, plusieurs fois répétées, ont rendu possible l'acquisition de divers manuscrits et, en particulier, des manuscrits autographes de Brantôme (1904).

Dans la liste des donateurs proprement dits, on est heureux de rencontrer quelques-uns des noms les plus illustres du XIXe siècle. Ce sont, d'abord, les deux grands poètes *Lamartine* et *V. Hugo*. Du premier, Mlle Valentine de Lamartine nous a légué 62 carnets ou manuscrits autographes (1897), et du second nous avons recueilli, en vertu de son testament en date du 31 août 1881, les manuscrits autographes de ses principales œuvres. D'autres dons ou legs nous ont, en outre, rendus possesseurs de la collection formée par le comte de *Bastard d'Estang* (1885) ; de la presque totalité de la correspondance d'*Edgar Quinet*, si précieuse pour l'histoire des proscrits du second Empire, don de sa veuve, en 1890 ; de la correspondance et du *Journal* des frères de *Goncourt*, dont la communication est réservée jusqu'en 1916 ; des papiers et des manuscrits d'*Ernest Renan*, dont la communication a été réservée par les donateurs, M. Ary Renan et Mme J. Psichari, jusqu'en 1920 ; des manuscrits conservés

Dessin de Victor Hugo, à la fin du manuscrit du *Roi s'amuse*.
(Victor Hugo 16, fol. 85.)

d'*Emile Zola*, don de sa veuve ; des papiers du célèbre égyptologue *Auguste Mariette*, don de M. G. Maspero ; des papiers et de la correspondance de M. *Thiers*, dont la donatrice, Mlle Dosne, a réservé la communication jusqu'en 1916 ; et enfin des papiers et de la correspondance de *J.-L.* et *E. Burnouf*, don de M. Léopold Delisle.

Le Département des Manuscrits n'est donc pas seulement un vieux dépôt, quatre fois séculaire, dans lequel sont conservés de précieux monuments de l'histoire du passé, c'est aussi un asile toujours ouvert, dans lequel viennent s'abriter des documents de toute sorte, qui permettront, plus tard, d'écrire ou de contrôler l'histoire du présent.

IV

ÉTAT ACTUEL DU DÉPARTEMENT DES MANUSCRITS

Les collections du Département des manuscrits offrent un immense champ d'investigation et de recherches aux lecteurs, tous les jours plus nombreux, qui fréquentent notre salle de travail. En 1905, le total des volumes communiqués a très sensiblement dépassé le chiffre de 60 000. Et ces communications ont porté non seulement sur des séries qu'on souhaiterait moins exploitées, comme les dossiers généalogiques, mais sur les manuscrits des auteurs de l'antiquité classique, des écrivains sacrés et profanes de toutes les périodes du moyen âge, des poètes et des historiens de toutes les époques, et surtout sur les manuscrits dans lesquels ont été recueillis, par milliers, les chartes, les lettres, les comptes et les documents de toute espèce, qui offrent de si précieux renseignements sur tous les détails de la vie nationale. On peut, d'ailleurs, dire sans exagération, qu'il n'y a pas une période de notre histoire, depuis la plus ancienne jusqu'à la plus récente, pour laquelle on ne puisse utilement consulter nos collections. Elles constituent une mine inépuisable, dont tous les filons n'ont pas la même teneur et la même richesse, mais dont la multiplicité est infinie.

Ce qui est vrai pour l'histoire de la France et des pays d'Occident l'est aussi, bien que dans une plus faible mesure, pour les pays d'Orient et d'Extrême-Orient. Aucune bibliothèque ne possède un ensemble aussi merveilleux de manuscrits arabes, turcs, hébreux, syriaques, persans, palis, tibétains et chinois, pour ne parler que

Évangiles à l'usage de Metz. — Reliure avec ivoire et orfèvrerie (IX-Xe siècles).
(Lat. 9 388.)

des fonds principaux ; et on chercherait vainement ailleurs l'équivalent de certaines de ces séries. Nous n'en citerons d'autre preuve que la stupéfaction joyeuse dans laquelle fut plongé le ras Makonnen, le célèbre lieutenant du Négus, lorsqu'on lui montra, pendant sa visite de 1902, les plus beaux manuscrits du fonds éthiopien. Il vit là des volumes comme il n'en connaissait pas dans son pays.

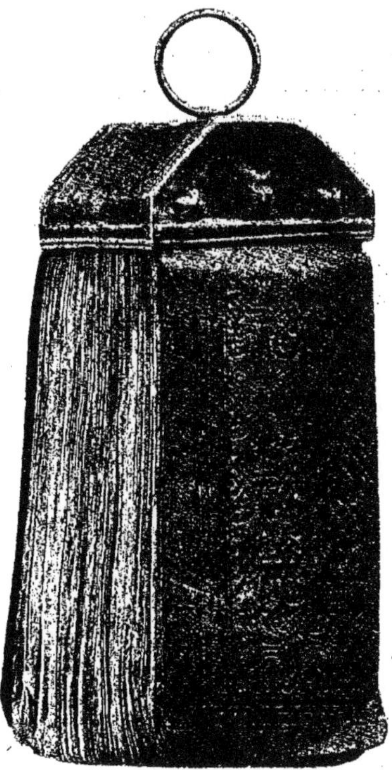

Bréviaire (XIIIe siècle). — Disposé et relié de façon à pouvoir être porté à la ceinture. (Lat. 10 479.)

Quelques détails sur la composition actuelle du Département des Manuscrits permettront d'en mieux encore apprécier l'importance. Les fonds, entre lesquels sont répartis tous ses volumes, peuvent être groupés en sept grandes séries : I. Fonds orientaux ; II. Fonds grec ; III. Fonds latin ; IV. Fonds français ; V. Fonds étrangers en langues modernes ; VI. Collections sur diverses provinces de France ; VII. Collections diverses. Tous ces fonds ont été l'objet de catalogues (manuscrits ou imprimés) qui sont libéralement mis à la disposition des travailleurs, mais il ne saurait être question d'en reproduire ici la liste, qui est fort longue.

I. — Fonds orientaux.

A ce groupe appartiennent trente-quatre fonds divers qui comprennent ensemble plus de 25 000 manuscrits. En voici les titres, d'après l'ordre alphabétique et avec l'indication du nombre de volumes, numéros ou cartons qu'ils contiennent : *Arabe* (6142 vol.), *Arménien* (311 vol.), *Assyrien* (5 vol.), *Batta* ou *Batak* (16 vol.), *Berbère* (19 vol.), *Birman* (78 vol.), *Cambodgien* (205 vol.), *Chinois* et *Coréen* (8 710 vol.), *Copte* (194 vol.), *Egyptiens* (*Papyrus*) et *Inscriptions des Pyramides* (238 numéros et 11 cartons), *Ethiopien* (gheez et amharique) (187 vol.), *Ethiopien* d'Abbadie (252 vol.), *Géorgien* (27 vol.), *Harari* (1 vol.), *Hébreu* (1 388 vol.), *Indien* (229 vol.), *Japonais* (222 vol.), *Laosien* (17 vol.), *Lolo* (9 vol.), *Lycien* (4 vol.), *Madécasse* (13 vol.), *Malais-Javanais* (196 vol.), *Pali* (717 vol.), *Persan* (2 053 vol.), *Sabéen* (27 vol.), *Samaritain* (28 vol.), *Sanscrit* (1 227 vol.), *Siamois* (94 vol.), *Singhalais* (47 vol.), *Syriaque* (340 vol.), *Tamoul* (574 vol.), *Telinga* (65 vol.), *Thibétain* (147 vol.), *Turc* (1698 vol.).

Plusieurs des fonds d'Extrême-Orient sont actuellement l'objet d'un travail de revision et de catalogue qui en modifiera sensiblement l'ordre et même l'appellation.

II. — Fonds grec.

Il comprend 4 960 manuscrits répartis dans trois séries : l'ancien fonds ou fonds *Grec* proprement dit (3197 vol.), le fonds *Coislin* (416 vol.), et le *Supplément grec* (1 347 vol.).

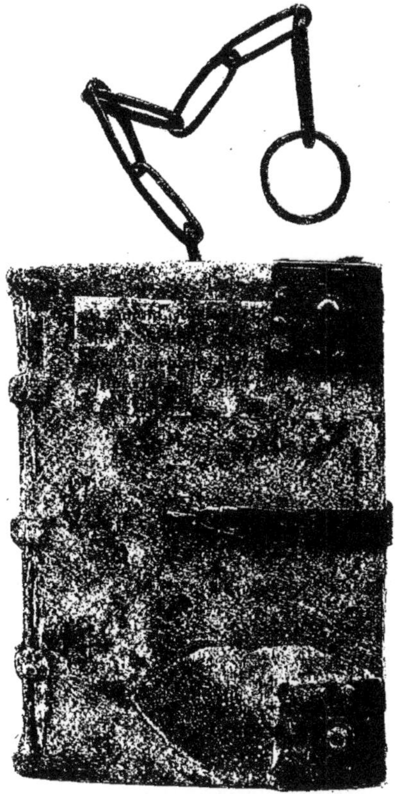

Recueil de traités théologiques (xvᵉ siècle). — Manuscrit enchaîné.
(Nouv. acq. lat. 226.)

III. — Fonds latin.

Il comprend 21 544 manuscrits répartis en deux séries : le fonds *Latin* proprement dit (19 580 vol.), et les *Nouvelles acquisitions latines* (1 964 vol.). Le fonds *Latin* proprement dit renferme non seulement les manuscrits du fonds constitué vers 1740, et restés sans changement de numérotation, mais aussi les manuscrits latins, conservés jusqu'en 1862-1868 dans les fonds divers avec lesquels ils étaient entrés à la Bibliothèque (*Saint-Germain*, *Saint-Victor*, etc.) et insérés, à cette date, à la suite des premiers. On désigne quelquefois la première partie du fonds *Latin* sous le nom d'ancien fonds, et la seconde sous celui de nouveau fonds, mais ces deux appellations n'ont plus qu'une valeur historique.

IV. — Fonds français.

On y compte 44 913 manuscrits répartis en deux séries : le fonds *Français* proprement dit (33 264 vol.) et les *Nouvelles acquisitions françaises* (11 649 vol). Le fonds *Français*, dont la numérotation actuelle ne remonte qu'à 1862, se compose des premiers manuscrits français entrés dans la Bibliothèque du Roi et des manuscrits de même langue, qui se sont trouvés dans les collections acquises ou formées au cours des derniers siècles, et dont l'autonomie n'a pas été conservée (*Supplément français*, *Saint-Germain-français*, *Cabinet des titres*, etc.).

V. — Fonds étrangers en langues modernes.

Ces fonds sont au nombre de quinze, et leur importance est naturellement très différente. En voici la liste alphabétique, avec l'indication du nombre des volumes qu'ils renferment : *Africain* (26 vol.), *Albanais* (1 vol.), *Allemand* (359 vol.), *Américain* (74 vol.), *Anglais* (106 vol.), *Celtique et basque* (199 vol.), *Espagnol* (565 vol.), *Italien* (2 163 vol.), *Mexicain* (401 vol.), *Néerlandais* (119 vol.), *Océanien* (2 vol.), *Portugais* (114 vol.), *Scandinave* (34 vol.), *Slave* (57 vol.), *Valaque* (4 vol.).

VI. — Collections sur l'histoire de diverses provinces.

De ces collections cinq ont été formées à l'aide des papiers laissés par les Bénédictins, auxquels on a ajouté quelques titres originaux d'acquisition plus récente. Elles portent toutes le nom des provinces qu'elles intéressent, sauf la collection *Doat*, qui contient des pièces (en copie) sur la Guyenne, la Navarre, le Languedoc et généralement sur le sud-ouest de la France, et a conservé le nom de celui sous la direction duquel elle a été formée. Quelques-unes, toutefois, sont aussi désignées, dans la pratique sinon officiellement, par les noms de leurs anciens possesseurs : *Bourgogne* (129 vol.), *Champagne* (160 vol.), *Doat* (258 vol.), *Flandre* ou *Colbert Flandre* (144 vol.), *Languedoc* (207 vol.), *Lorraine* (1 045 vol.), *Périgord* (papiers de Prunis, Leydet et Lépine) (183 vol.), *Picardie* (papiers de dom Grenier) (348 vol.), *Touraine, Maine et Anjou* (papiers de dom Housseau) (40 vol.), *Vexin* (papiers du président Levrier) (79 vol.).

VII. — Collections diverses.

Ces collections, au nombre de neuf, sont toutes connues sous le nom de ceux qui les ont formées. Elles ont dû à leur composition et surtout à cette circonstance qu'elles avaient été de bonne heure utilisées et citées, de n'avoir pas été versées dans le fonds *Français*, comme quelques autres, dont le caractère n'est pas sensiblement différent. Ce sont les collections *Baluze* (399 vol.), *Bréquigny* (papiers autres que ses copies d'Angleterre conservées dans la collection *Moreau*) (169 vol.), *Clairambault* (1 348 vol.), *Colbert-Cinq-Cents* (466 vol.), *Colbert-Mélanges* (457 vol.), *Duchesne* (119 vol.), *Dupuy* (941 vol.), *Joly de Fleury* (2 561 vol.) et *Moreau* (1 834 vol.).

Si on additionne les chiffres donnés pour chacun de ces multiples fonds, on arrive à un total d'environ 110 000 volumes. Aucun autre dépôt ne peut se faire honneur de pareilles richesses.

Mai 1906.

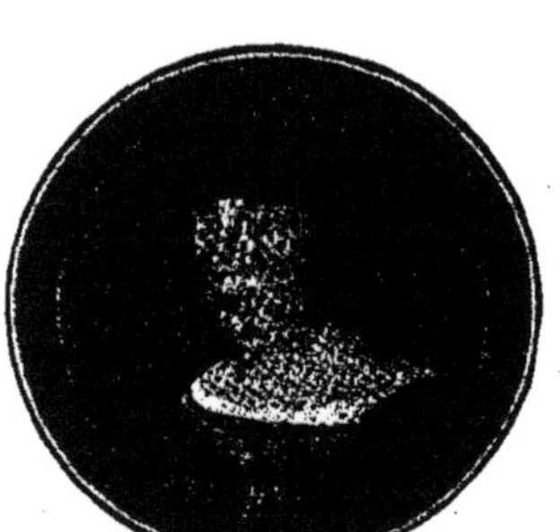

Jean Clouet, Arthur Gouffier. Miniature de la *Guerre gallique*.
(Fonds français n° 13 429.)

TABLE DES ILLUSTRATIONS

Gravure sur bois de A. Gérard, d'après un dessin de Henri Monnier. (*Babel*.)

Reproduction d'une lithographie de H. Daumier. (*Les Gens de Justice* « Charivari ».)

Reproduction d'une phototypie, d'après E. Friant. (*L'Art à Nancy en 1882*, par Roger Marx. P. Ollendorff, éditeur.)

TABLE DES MATIÈRES

Le Département des Imprimés et de la Société de Géographie.

Le Département des Manuscrits.

ÉVREUX, IMPRIMERIE CH. HÉRISSEY ET FILS

www.ingramcontent.com/pod-product-compliance
Ingram Content Group UK Ltd.
Pitfield, Milton Keynes, MK11 3LW, UK
UKHW020443200726
13857UKWH00002B/543